# マイナンバーから改憲へ

## ——国会で50年間どう議論されたか

大塚英志 著

# 序 「ショッカーの野望」は何であったか

## 誰がマイナンバーを「与える」か

マイナンバーとは何か。

試しに流行りのＧｏｏｇｌｅの生成ＡＩに聞いてみる。

すると最初に「マイナンバーは、住民票を有するすべての人が持つ12桁の番号です。社会保障制度、税制、災害対策などの行政手続で利用されます」と説明される。内閣府のＨＰには「マイナンバーとは、日本に住民票を有するすべての方（外国人の方も含まれます。）が持つ12桁の番号」と説明がある。生成ＡＩはこの内閣府の公式の定義が各所で引用された結果、一番それらしい答えとして類似した表現を生成したのだろう。

しかし、「持つ」という表現はあたかも先天的に私たちが有しているように聞こえる。私たちは例えば、指紋や遺伝子情報のように12桁の個人番号を持って生まれてくるわけではない。

もう少し、公的なサイトを調べてみる。すると、人がこの国に誕生し「出生届を提出し住民登録がされると、個人番号通知書によりマイナンバーが通知され」る仕組みに今やなっていると、地方公共団体情報システム機構マイナンバーカード総合サイトは説明する。「申請いただく必要はありません」とも記されている。

つまり、マイナンバーは一方的に付与されるのである。

それでも一体「誰が」マイナンバーを付与するのか。

それが見えない。

先の生成ＡＩはオンライン上の情報の最大公約数を要約するわけだから、その回答においてマイナンバーを「誰が」付与するのかが曖昧なのは公的なサイトでもこの点が何となく曖昧にされている証しだともいえる。

さて、先の「地方公共団体情報システム機構マイナンバーカード総合サイト」を見ていくとマイナンバーの「発行者」は「市区町村長です」とある。つまり発行する権限は自治体の長にある、という。ここで、あれほど大騒ぎとなっているマイナンバーが市区町村という行政の最小組織が発行の役目を建前上は担っていることに驚いて欲しい。つまり責任は形式上自治体にある。しかしそれが国によって強引に主導される。地方自治の精神はどこにいってしまったのか、と考える必要がまずある。なぜならマイナンバー制度とは地方自治の行く末をめぐる問題なのだよ、というのがこのブックレットの主張の一つだからだ。

そして同じサイトをさらに読み進めると「なお、個人番号通知書の発行・送付は、地方公共団体情報システム機構（Ｊ－ＬＩＳ）が送付しています」、つまり、このサイトを運営する機関の「発行」だと但し書きされていることに気づく。Ｊ－ＬＩＳと略称されるこの機関はマイナンバー関連のニュースを相当丹念に見ていれば目にすることがあるものの、大抵の人が、それがどのような役割を果たすか、気に留めない。

さらに、よく見ると、小さな字で「※地方公共団体情報システム機構（Ｊ－ＬＩＳ）とは、国と地方公共団体が共同して管理する組織です」とある。

唐突に「国」が出てくる。

大袈裟に言えば、ここでようやく、マイナンバーカードは「誰が」発行するのかが、その正体が明らかになる。

サイトに「国と地方公共団体」と書いてあるから「国」だけを強調するのはいかがなものか、という向きもあろうが、そもそも「地方公共団体」を制度上の「発行」者にしながら、そのシステムの運営には「国」が強く関与している。

Ｊ－ＬＩＳの前身は財団法人地方自治情報センターといって、二〇〇二年に稼働開始した住民基本台帳ネットワークシステムの運営をした組織だ。その後、民主党時代の事業仕分けの対象となりかけたものの生き延び、改組、名称変更をへて二〇一一年、デジタル庁の発足に伴い、地方自治体が主体で運営する「地方共同法人」から、国の関与が強化された現在の法人形式に変わった。マイナンバー制度になってから「国」の管理が今や前面に出ている。マイナンバー制度ではそれがひどく見えにくい。

このＪ－ＬＩＳの国による管理の強化の理由はいくつか考えられるが、マイナ保険証を含むさまざまなマイナンバーを利用した社会実装実験が自治体単位で行なわれてきて、それがここにきてかなり強引に次のステージに移行しようとしていることを本書は問題とする。つまり自治体との関わりにおいても「国策」としての姿をあらわにしようとしているのだ。

だからそう書くと大袈裟だが、本書が考えてみたいのは、そもそもマイナンバー制度とは何を目的とするのか、という当たり前だが私たちが看過してきた問題だ。

マイナンバーが騒動になってからの期間に限っても一体この制度が何を目的とするかがひどく見えにくくなかったか。当初は様々な「便利」や行政サービスの効率化を謳い、反応が薄ければポイントを乱発し（無論、マイナンバーカードにポイント機能を実装させるのは「政策」でもあるのだが）、最後は保険証とマイナカードの一体化という、国民皆保険制度の否定につながりかねない手段にでたが、何故、そこまで強引にマイナンバー制度、つまり、私たちを単独の番号で管理できる範囲を一挙に拡大することを推し進めようとするのか。

当然だが、あらゆる政策は私たちが次の「社会」をどうつくっていくか、という問題につながる。

ぼくが「誰が」を問題にする理由はここにある。「マイナンバー制度」をこのままなし崩しに受容していくことは、その先に設計された新しい「社会像」を無批判に受容することである。

そもそも、「番号」を発行するというのは本質的に「権力」の行使である。そしてマイナンバーとは「国家」による「権力」の行使である。かつて用いられた「国民総背番号制」という用語は「国民」全てに「番号」を振ることが「権力」の行使だとよくわかる名称だった。しかし生成ＡＩが「誰が」という問題を素通りしてみせたように、誰が「番号を振る権力」を行使するかという本質的な問題がマイナンバーをめぐる議論の中で見えにくくなっている。

どうやらそれが「自治体」を隠れ蓑にしつつその主体は「国」だということが見えてきた。やはり「国民総背番号制」なのである。

そしてここが重要だが、マイナンバー制度で「国家」が行使する権力はそもそも民主主義システムでは主権者としての国民の権力が選挙によって政治家に委託されたものであるということだ。つまり、私たちは私たちに自ら番号を振り、しかし、それがどのような社会を私たちにもたらそうとしているのか、そこに無自覚である。

マイナンバー制度は当然だが極秘裏に進められている政策ではない。マイナンバーによってデザインされる社会像、つまり私たちの「未来」については岸田政権下でも繰り返し、その推進が主張されている。それが本書の後半で問題とする国家のプラットフォーム化に伴うスーパーシティという、これもプラットフォーム化した住民自治である。その議論においてマイナンバー制度が大前提になっている。

だがマイナンバーが地方自治と国との関係の組み換えの問題だと考えたことは果たしてあるだろうか。それだけではない。マイナンバーとは人としての尊厳や人権のあり方をつくり直す制度であり、畢竟《ひっきょう》、「改憲」問題である。マイナンバー制度とは憲法改定と実は不可分なのだ。にも関わらず私たちは自分たちがどういう社会を選択しようとしているのか、無自覚である。マイナンバーをめぐる最大の問題はその点にある。

## 一億総背番号制の「ユートピア」

つまりマイナンバーは何より「国民」と「国家」の関係の中で考えられなくてはいけない。

人が人に番号を付す。

それは番号を付す側が付される側を管理することである。

繰り返すが、そこに生じるのは権力である。

だからまず、マイナンバー制度の本質は「国家」と「国民」の関係なのだ、という当たり前のことを再確認したのである。

さて、本書で問題とする国家権力による番号制度とは、かつて「国民総背番号制」と呼ばれたものである。それは名前が変わってもマイナンバー制度に至る本質である。大袈裟に聞こえるかもしれないがこの本質をまず見極めておかないとマイナンバー制度への懐疑は、マイナンバーの運用上の瑕疵や使い勝手へのクレームに収斂し、制度そのものを疑い否定することから私たちの立ち位置が遠く離れてしまう。

マイナンバー制度とは権力の行使である、とまず定義することは、民主主義国家であれば「権力」は私たち主権者の側へあり、それが選挙を通じて為政者に委託されるものだということをまず再確認することにつながる。つまりマイナンバー制度とは民主主義の運用の問題でもある、ということができる。民主主義システムなどとうに機能不全になっているとうそぶくことは簡単だが、マイナンバー制度はまさにこの社会を民主主義システムとは全く異質なシステムで運用していくためのインフラとして今やある。そのことは本書で明らかにしていくが、マイナンバー制度によって構想される社会とは、民主主義システムの最小化を求める社会である。

そもそも、マイナンバーの議論の中で国民総背番号制という言い方はあまり使われない。何か意図的に忌避されている印象がある。例えばウィキペディアにも「国民総背番号制」の項目はなく「国民識別番号」という、各国の共通番号制度の最大公約数的な名称の項目と、「個人番号」という現在のマイナンバーについての正式名称の項目しかない。「マイナンバー」は公募で選ばれた愛称にすぎないとはいえ違和がある。また「個人番号」の「歴史」の項目でも「国民総背番号制」という語はなぜか忌避されている。

恐らく政治的なニュアンスが強く正式名称でない、というウィキペディア的な「正確さ」が理由の一つだろうが、政治的なことばの忌避は必ずしも中立的な立場をとることにならずで、むしろ圧倒的に政治的である場合が多い。

ふり返ってみれば一九七〇年当時、議論された時は「国民総背番号制度」という言い方はマスコミや識者だけでなく、国会の審議においても与野党隔てなく用いられていた。例えば与党の議論の中心となった中山太郎は『1億総背番号』(日本生産性本部、一九七〇)なる書を推進する側から刊行していたぐらいだ。

ここで、一九七〇年当時の国民総背番号制度をめぐる議論をざっくりと振り返ってみる。現在のマイナンバー制度をめぐる議論において忘却されがちな論点が二つあった。

一つはこれが「人権」の問題であるという論点だ。「国民総背番号」という言い方が良くも悪くも正しかったのはそれが、権力が国民に番号を付す政策であるという権力の作用の仕方を明確に示していた点だ。だから国家による権力の行使に対して私たちが自分たちのどのような権利をどのように擁護するかが問題となる。これは国家がいかに人権を担保するのか、とも言い換えられる。だから後の章で改めて詳細に検証するが、一九七〇年前後の「国民総背番号制」をめぐる議論は国民の権利、つまりは「人権」が国会においても議論の中心だった。

しかし今、「人権」ということばを使うだけで顔をしかめる人々が社会の中に相応の数を占めている。それがマイナンバー制度における議論を「人権」から遠ざけ、「個人情報の保護」という制度論に限定している。しかし、マイナンバー制度によって損なわれる私たちの尊厳は一体どのようなものなのか。そもそもその点がイメージできにくくなっていないか。

二つめは既に指摘したようにこの国民総背番号制度がいかなる「国家」や「社会」をもたらすかという論点である。行政のコストを軽減し、コンビニで住民票を受けとれるといった「便利さ」などの行政サービスの向上は副次的なものである。国民総背番号制度とは「社会」や「国家と個人の関係」そのもののつくり直しなのだ。

では、それはどういう「社会」か？

今、私たちの想像は正しくその方向に広がっているだろうか。

かつての一億「総背番号」制をめぐる議論の中では良くも悪くもこの二点は重要な論点であり、それは推進する側からは「ユートピア」、懐疑する側からは「ディストピア」として提示された。

例えば推進派の中心人物であった中山太郎はその著書『1億総背番号』の中でこんな「ユートピア」を描く。自動操縦の車の事故にあった男の元にわずか三十秒後、空飛ぶ救急車（救助ヘリコプター）が駆けつける。救助ヘリに乗った「データ係」がただちに男の身分証の個人番号を病院と警察に通知、これで彼の個人情報が検索可能になる。警察からは家族や保険会社にもすみやかに情報が通知される。

病院も番号から症歴を確認できる。事故後の裁判も全てこの個人ナンバーと身分証、つまり今でいう「マイナンバーカード」のおかげでスムーズに進行する。

そういうストーリーだ。現在のマイナンバーの様式がほぼデザインされていることがわかる。

自動操縦の自動車、空飛ぶ車から大阪万博を思い浮かべる人がいたらそれは正解である。「空飛ぶ車」を実装した現在形の「未来」はマイナンバー制度と密接な関係にある。それ故、五十年前の中山の描く国民総背番号制度がもたらす「未来」と大阪万博は一つの流れとしてある。

当時、国民総背番号制度の論客として国会で議論の先頭に立った中山がその著書の中で語った未来像は現在のマイナンバーにおいても個別に語られる「便利さ」の集積である。そして改めて記すようにこのような「ユートピア」は実はマイナンバー制度においても堂々と語られている社会像である。大阪万博はその実証実験の一つなのである。

問題は私たちがそのことに全く無頓着だというだけの話である。

## 石森章太郎版『仮面ライダー』と国民総背番号制

一方ではディストピアも描かれた。

国民総背番号制でぼくのような旧世代が思い出すのは石森章太郎版『仮面ライダー』（一九七一）の最終回である。まだ「石ノ森」でなく「石森」だった時代だ。「月刊」の少年誌が姿を消す中で『ぼくら』が週刊の『ぼくらマガジン』にリニューアルし、『仮面ライダー』がTVシリーズとのタイアップで連載開始、同誌の休刊で『少年マガジン』に連載が移行した。

一九七〇年という年は少年まんがにとっては極めて特異な年であり、永井豪『ハレンチ学園』が『少年ジャンプ』誌上で「大日本教育センター」と子供たちが本物の戦争を起こしキャラクターたちの生首が飛ぶような殺戮を描いたのを皮切りに、暴力と性、即ち「身体」性と、その身体が対峙する政治や権力が少年まんがに持ち込まれた。その動きは短期間で終了したが、その残り火の中で石森『ライダー』は『少年マガジン』に移籍した。

元々、石森は自作の中で当然のようにベトナム戦争を描くなど、政治には敏感であった。というよりはまんが家の大半がごく自然に政治的であった時代だ。

石森は、その『マガジン』版ライダーのラストで悪の組織「ショッカー」の野望を国民総背番号制の実現として描いた。

石森版『ライダー』の特徴は主人公に身体性を与えたということだ。

TVシリーズが「変身」という掛け声で、歌舞伎の早変わりのように理屈抜きで仮面ライダーの姿に「変化《へんげ》」するスタイルに落ちついたのに対し、傷跡も生々しい石森版は「改造」された身体があり、その人物が仮面やコスチュームやマフラーをまとうというものだ。庵野秀明版『シン・仮面ライダー』が踏襲したのは石森版だ。それ故、ショッカーの戦闘員を殺戮し血しぶきを上げるライダーが冒頭で描かれて、TVシリーズ以降のファンの顰蹙を買った。

石森版『ライダー』の最終回「仮面の世界」は、まず冒頭で明らかに当時の首相であった佐藤栄作と思われる人物がTVのニュースの中で平和憲法を持ち出し核の持ち込み疑惑を否定する欺瞞が描かれている。首相は薄ら笑いを浮かべている。

このように佐藤栄作が戦後憲法や戦後民主主義を「冷笑」する政治家として描かれていることに注意したい。初出の一九七〇年から五十余年を経てその「冷笑」は政治家のみならず主権者全体にさえ広がってしまったがその始まりとも言える描写だ。

さて、石森版『ライダー』ではあの悪の組織「ショッカー」はいかに描かれるか。

少し、作品に沿って見ていこう。

ライダー2号・一文字隼人の前に現われた「ショッカー」の一員を名乗る女性がその一員となった理由を語るくだりがある。彼女は「ショッカー」を「みだれきったこの社会をすみやすくするための一種の革命集団」と信じていたと語る。「みだれきった」世の中とは彼女の発言を受けた一文字によって「汚職公害うそつき政治エログロナンセンス」と言い換えられるが、その言い方はオールドスクールとはいえ、今の世相と変わらない。

つまり「ショッカー」は自称世直し組織だった。

その「ショッカー」の具体的な目的は「人間の心から私利私欲や無益な闘争心をなくし……秩序ただしい平和でおだやかな世界をつくる」ことだという。注意すべきは「平和」「おだやかな世界」の前提に否定される「私利私欲」「無益な闘争心」である。それは「人権」をネガティヴに修辞するもので、よく保守の人々が「人権」をあたかも利己主義やエゴの表出とミスリードするのに似ている。「秩序」が重視される点も同じ文脈だ。

一九七〇年当時、「革命集団」というと新左翼などの左派を連想させたが、今の日本でこのような社会的な「不安」や「不満」に対して待望されるのは左派ではなく日本維新の会や日本保守党など右派であり、安倍政権は一定の有権者には「改革」の推進者に映ったからこそ、その長期政権はあったわけだ。「ショッカー」はある意味で、「革命」の担い手が左派からそうではない「革命集団」に転換していくさきがけとしてあったのだ、とぼくなどは考える。

一文字隼人は、このような「ショッカー」の理想より現在の混沌の方が「人間のロボット化による平和と秩序よりはまだましだ」と反論する。「人間の心」から「私利私欲」を消却することは「個人」を否定して協働的な社会をつくることであり、そのために「個人」を消去しようとする。一文字隼人が拒否するのはそのような「個人」が否定される社会だ。

余談だが、庵野秀明が『エヴァンゲリオン』シリーズで描いた「人類補完計画」の原イメージは多分、ここにある。

そして「ショッカー」がもくろむ「改造人間」製作の目的は「人間のロボット化計画」だと説明される。いわば「一億総改造人間化」がショッカーの野望なのだ。つまり、作中のこうもり男らの「改造人間」たちはそのための工作員にすぎない。

この計画とは具体的には人間の「ロボット化」である。といっても一人一人をライダーのように「改造」するのではない。「改造」されるのは「身体」ではなく「心」なのだ。

人間を巨大コンピュータのデバイス化する計画というと今風なのか。

ショッカーは巨大家電メーカーと一体となってTVと腕時計で人々をコントロールするシステムを皆国民化しようとしている。この巨大家電メーカーはコンピュータ企業でもあり、「TVと腕時計」はモニターとスマートウォッチをイメージするとわかりやすいかもしれない。TVが「人をコントロールする」仕組みはモニターから発せられる電波が時計を通じて受信され持ち主を一種の催眠状態にする、というそれ自体は荒唐無稽な設定だが、「モニター」がTV番組以外の情報を受け手に届け、人々一人一人がその情報を個別に受けとる仕掛けは、今やTVがインターネットの端末であり、そこから私たちはさまざまな情報を得て動かされ、そしてスマホという個人個人の端末に行動を無自覚に規定されている今の私たちの社会にかなり近いとは言えないか。実際、マイナンバー後の「社会」に向けカードでなくウェアラブル端末が想定された実証実験も行なわれている。

つまり「ショッカー」の野望とはプラットフォームによる国民デバイス化というディストピアなのだ。

こうして見た時、中山太郎の「未来」が自動運転システムや空飛ぶ車といった七〇年代当時の「未来」の中に想像力が留まっている（というより国民総背番号制の本質が見えないようにあえて留めたのだろうが）のに対して、石森は「社会」あるいは「国家」と「個人」の関係が、プラットフォームとデバイス（あるいはユーザー）に変容してしまった「現在」をも予見している。

その意味で「ショッカー」とはプラットフォーマーであり、その野望ために富士山麓に巨大なコンピューターを建造している、という設定だが、後述するトヨタのマイナンバー実験都市である Woven City が富士山麓のトヨタ工場跡の広大な敷地に現在、建設中であることは偶然とは言え、興味深い。

と、旧世代が驚いても、今の若い世代によっては石森に五十年前のＴＶ放送をプラットフォーム、腕時計をスマホのようなデバイスとみなす想像力があったことをことさら不思議に思わないかもしれない。しかし石森の卓見はそこに当時議論されていた、国民総背番号制をリンクさせたことにある。

ライダーは、「ショッカー」の野望を阻止すべくその巨大コンピュータのあるショッカー本拠地に乗り込む。そこにビッグマシンを名乗る「ショッカー」の中ボスが待ち受け衝撃的な発言をする（図1）。

この「ロボット化」計画は、元々は日本政府の国民総背番号制であり、自分たちは企業ごとその国策を乗っ取ったと告白するのだ。ショッカーは国民総背番号制のインフラを彼らのシステムごと乗っ取り「お前たちの選んだ政府の計画をより完全なものにしてやろう」と嘯くのである。自民党政府の政策をより徹底したショッカーはやはり「右派」の「革命集団」であった。当然だが石森はそこに人間の「明るい未来」などは見てはいない。

ビッグマシンのセリフを引用しよう。

…この計画はもともとおまえたちの政府がはじめたものだよ！

…おまえもきいたことがあるはずだ　――　〝国民を番号《コード》で整理しよう〟という国会での審議を…

…あの〝コード制〟というアイディアは日本政府の「コンピューター国化計画」の一部なのだ

石森は「番号」に「コード」とルビを振る。コードという当時としてはまだ目新しいコンピュータ用語は国民総背番号制の議論の本質を捉えている。

だからここで重要なのはショッカー幹部が国民総背番号制が日本政府の「コンピューター国化計画」の一端だとしている点である。

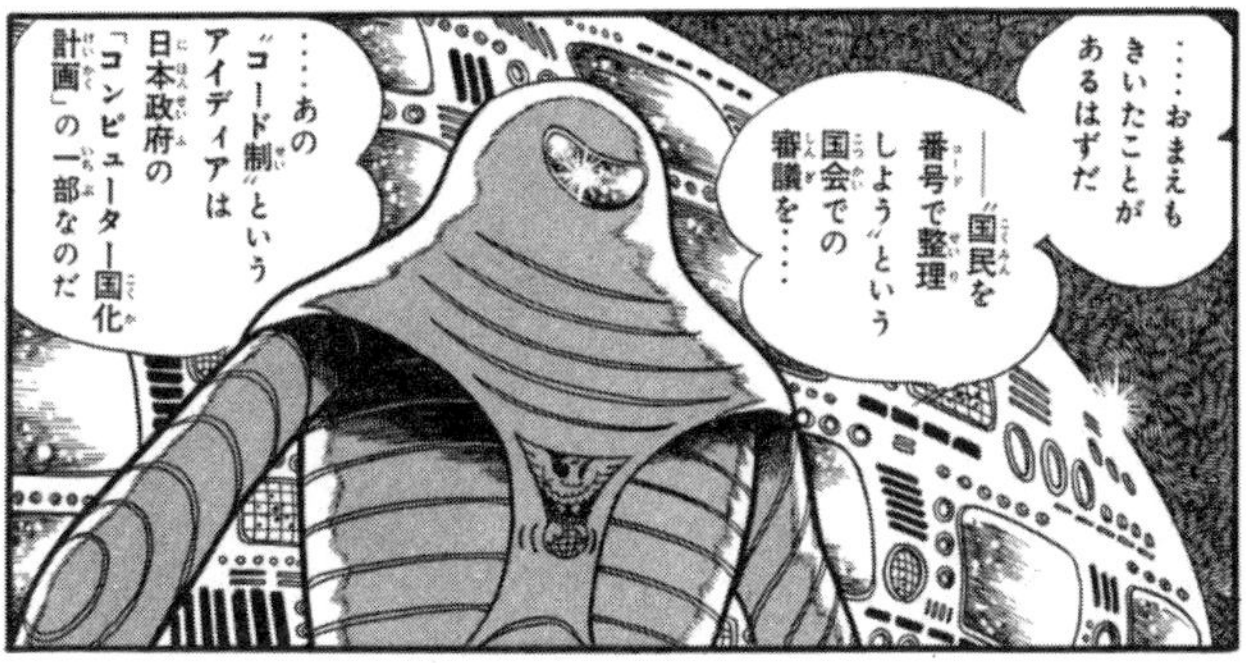


図１　ショッカーの野望は「国民総背番号制」を利用する国民管理システムの構築だった。
石森章太郎『仮面ライダー』（『週刊少年マガジン』1971 年 53 号）

石森章太郎の批評眼が優れているのはこのように国民総背番号制を「コンピューター国化計画」のツールとした点である。別の章で示すように国民総背番号制は、日本社会が行政も企業も「情報化」への転換を外圧で求められた（あるいは「外圧」を方便に推し進めた）ことに端を発している。『仮面ライダー』の世界線ではその結果、行政の「コンピューター化」が立案され、国民をコード化する国民総背番号制度が立案されたのである。

問題は、当時、「コンピュータ国家」といえばSFにしかないイメージだったが、今、それは確実に可能になりつつあるという点だ。このマイナンバー制度はそのためのインフラである。つまり「ショッカーの野望」は今や実現しつつある、ということだ。マイナンバーカードの議論がマイナ保険証に収斂するのは悪いことではない。しかしそれは「使い勝手」の問題ではなく国民皆保険制度という私たちの基本的人権に関わる問題である。そして私たちの「人権」、人としての尊厳やそのあり方、そして私たちが自分たちの権利を守るために行使しうる参政権そのものがマイナンバーを実装した社会では大きく変化しようとしている。

つまり、私たちはマイナンバー制度に憤りつつ、しかし、それが導こうとする「社会」像や「国家」像をイメージできず、それに対して正しく憤り得ていないのだ。

その「社会」とは本書の後半で言及する「スマートシティ」「スーパーシティ」という既に自治体レベルで多くの実証実験がなされている構想である。トヨタのWoven Cityや大阪万博はその実証実験の一つだ。だから、大阪万博を「いらない」と言うことは、マイナンバーを「いらない」と言うことと正確に繋がっている問題なのだ。

マイナンバー制度の目指す「社会」はユートピアとして中山太郎が都合良く描いた「未来」と表面的に重なる。表面的には、というのはそれを推進する側の方便としてという意味である。一九七〇年当時は「空想」であった未来像がインフラレベルで実現可能となった。若い世代には国家がプラットフォームでユーザーIDがマイナンバーカードだといえばわかりやすいだろう。中山の描く未来像も単一のIDで全ての行政サービスが受けられる社会がイメージされている。

しかし、石森ライダーのようにそれは人間のロボット化ではないかと憤るメンタリティーはかなり後退しているはずだ。マイナンバーでも人権や監視社会への危惧よりもマイナ保険証の強引な進め方や使い勝手が議論になる。

しかし、考えてほしい。

国税が財源のポイントをばら撒き、国民の「便利」をあれこれ言う割にさほど便利さが実感されず、挙句、マイナ保険証という実質「強制」をもってしてまで普及させようとしているのは、マイナンバー制度とは国民のためでなく、政府にとって必要だからに他ならない証しではないか。少子高齢化や地球温暖化といった未来の問題にこの国の政府は無策のように思えるが、マイナンバーは実は次の「社会」の構想の根幹に置かれている。それが見えにくい。いや、少し、ＰＣに向かって内閣府や各省庁の文書、国会での議論を調べれば、皮肉にも情報化の恩恵で相応の文書は手に入る。

そして何故、マイナンバーが強引に牽引されるのか、牽引する側の都合も見えてくる。

だから重要なのはそのような「社会」を私たちはどこまで受容すべきなのか、受容するにしても何をどのように守り、そのためにどういう制度に改めるべきか、そういう問題意識を持つことだ。

そのために、本書はマイナンバー制度とそれが目指そうとする社会をまず疑う。

それ故、マイナンバー制度についての議論の一つ一つは大事な問題だが、ただ保険証の廃止や制度の細かな不備の指摘に終始してはいけない。

何より、マイナンバーという制度そのものを疑う必要がある。

よく、マイナンバーカードとマイナンバーは違う、有権者は両者を混同していると語る人がいる。大抵はマイナンバーの推進者でマイナンバーカードはシステム運営上の不備やヒューマンエラーがあるがマイナンバー制度そのものは間違っていない、という主張だ。しかし、立場は正反対だがマイナンバーカードの「使い勝手」の問題とマイナンバー制度の是非の問題は「違う」とぼくも言う。繰り返すがカードの使い勝手の問題に報道もＳＮＳ上の議論も熱心だが、しかし、この国の政府がマイナンバー制度によっていかなる国家／社会を目指すのかは全く不問になっている。マイナンバーカード問題はマイナンバー制度問題を見えなくしている。

「別」ではなく「地続き」なのである。

それ故このブックレットでは「マイナ保険証」という直近における問題、そして国民総背番号制における監視国家化を最大限に危惧しつつ、その詳細には言及しない。

しかしそれはぼくがこれらを軽視しているからではない。

マイナ保険証の問題点については荻原博子さんの『マイナ保険証の罠』（文春新書）があるし、監視国家については長く斎藤貴男さんが『「マイナンバー」が日本を壊す』（集英社インターナショナル）その他でそれこそ国会の参考人として冷笑をも時に受けて立ち警鐘を鳴らしてきた。中国系プラットフォームが体現する監視社会については堤未果さんの『デジタル・ファシズム』（NHK出版新書）がある。

このブックレットはそれらの議論を立論させるための前提をまず取り戻したいと考える。つまり「マイナンバー制度はおかしい」と思う感覚のいわば立て直し、リセットにあると考えていただければ幸いだ。

それ故このブックレットでは、まず、国民総背番号制度と呼ばれた一九七〇年代に始まり、マイナンバーカード制度に至るまで、何が目的とされ、あるいは方便とされ、本当の目的はなんで、どの政権がどう関与し、いかに政策として変遷してきたか、あるいは、しなかったかを概観する。この政策に五十年の歴史があったことを確かめ、何を議論すべきなのかを再確認する。

その上で、マイナンバー制度が目指す「社会」なり「国家」がいかなるものであるのかを概観し、批判的な視点を共有していきたいと思う。

# 1 国民総背番号制度は財界の要請と北米の「外圧」で始まった

石森版『ライダー』は、日本政府が元々「コンピューター国化」を計画していた、という設定だった。それが悪の結社が目指すディストピア計画のベースであったという設定は、「デジタルネイティヴ」というのか「Z世代」というのか、インターネットやスマホ以降のコンピュータとそのネットワークが社会のインフラとして実装されて以降の世代にとっては理解しにくい感覚だろう。

今やコンピュータが統治のツールとなることに生理的な違和を覚えない人がむしろ「普通」かもしれない。だから、恐らく本書や筆者にもデジタル社会に適応できない「情弱」な旧世代の戯言だ、といった反応が多く返ってくるだろう。そして世代論でいってもぼくは今、六十五歳であり、石森がかつて「国民総背番号制」に覚えた違和や危惧を共有した世代はぼくより年上の世代だから、既に社会の表舞台からフェードアウトしつつある。ぼく自身も所属していた人文系の研究機関を今年度、二〇二三年度で定年退官する。

「現役」としての社会への影響力は当然、後退するだろう。

だから旧世代の危惧はいずれ——それもかなり短期間で、省みられなくなるだろう。だが、ぼくたち旧世代が「デジタルネイティヴ」な世代と違うのは「情報化」と一口で言えばあまりに簡単だが、コンピュータのネットワークとデバイスをインフラとして実装する社会と、それ「以前」の社会の過渡期を生きた、という点である。過渡期に立論された問題が、新しい社会への困惑や脅えや拒否反応では全くなかったともいわない。しかし、その「違和」の表明において生理的な反発も含め（それが生じるのはもたらされる「変化」が人間の本質のあり方に抵触するからではないか）、何が問題とされたのか、そして、それは本当に忘却されていいものなのか、とやはり思う。何故なら忘却されようとしているのは一つの「人間像」であり、そこには当然、人権や参政権といった「人」であることをめぐる多様な権利も含まれるからだ。そしてその人間像とは社会や国家との関係の中で規定され、制限も担保もされるものである。

オンライン以降の社会においてその「人間像」がいかに根本的な変化を求められたか、この新しい環境に適応することの是非は十分に問われないまま、とうに不問になっていないか。

だから、私たちはオンライン化する社会にどこまで私たちのあり方を変えて適応すべきなのか。そういう立論を本書は最終的に蒸し返したい。

しかしそのためにはまずその「変化」がいかに政治的に始まったのかを確認しておく必要がある。

## 外圧から始まったコンピュータ・ショック

この国の情報化社会への転換はやはり「政治的に」始まったのである。

一九七〇年に、推進派の自民党国会議員である中山太郎が上梓した『1億総背番号』に対し、反対派から上梓されたのが高見圭司、玉川洋次著『国民総背番号体制——労働者にとって情報禍社会とはなにか』（三一書房、一九七三）である。著者の一人、玉川は肩書きに「三里塚、沖縄をたたかう七〇年代戦線」会員とあり、左派としての政治的立ち位置はことさら隠されていない。政治的な問題について論じるのだから政治的立ち位置を明らかにするのは誠実だといえる。

まず注意すべきはサブタイトルにある「情報禍」という三文字である。これは、「情報化」への反発・批判の意味が明確である。そしてこの三文字が自ずと明らかにしたように一九七〇年当時、マイナンバー制度の出発点といえる国策が国会で審議されるようになったのは日本が、というより世界が「情報化」という次の歴史的ステージに移行する準備としてであったとみなされていたことが大きな背景だとわかる。

当たり前過ぎる歴史的背景だがまず確認しておきたい。

高見・玉川『国民総背番号体制』はその背景を「コンピュータ・ショック」と形容している。

同書はまず、議論の前提として、六〇年代末までにこの国が「従来のコンピュータ産業の段階から情報処理産業の段階へ一応離脱したものといえよう」と一九六八年版『コンピュータ白書』の一節を引用する。これは、短いが重要な論点であり、それはコンピュータ産業が電算機という「機械」を「つくる」産業ではなく、「情報」を「処理」する産業へと本質的な変容を遂げていくだろうという未来像が述べられている。同書の著者はこの変化をユーザーが「コンピュータを使いこなす時代」に入ったと狭義に理解しているが、それはあくまで変容の一部である。PCを「つくる」ことよりPCで情報をどう「処理する」のかに産業のあり方やビジネススキームが変化しようとしており、その転換のためのインフラとして国民を「情報」化する「国民総背番号」が用意されたという文脈をまず理解しなくてはならない。

ここがとても大切なポイントだ。

そして「情報」をどう「処理」するかという産業のあり方を支えると予見されるのは、その時点では未だその名はないインターネットだ。

同書は一九六六〜七一年にかけて年間三〇〜四〇%近いコンピュータの設置台数の増加とオンラインシステ

ムの成立、つまりネットワーク化の進展の二点を「コンピュータ・ショック」の具体例としてあげる。その結果、オンラインで情報がやりとりされその「処理」こそがビジネスの根幹をなす。そういう「未来像」である。

国民総背番号制をネットワーク問題と結びつけたのはこの時点では卓見である。

その上では同書は「国民総背番号制」によって資本主義及び「日本帝国主義」が情報化社会において再編されるという危惧も語られる。それらはオールドスクールな左派的な言い方だがその大仰さはさて置いても必ずしも的外れではない。

すなわち情報化社会において、企業、及び企業と労働者の関係、さらにいえば資本主義のあり方が再編されるであろうとする予感、そして国家の国民支配のあり方もまた根本的に変化するであろうとする予感はいずれも左派的な物言いを差し引いても正しい予感であったといえる。

だが、「コンピュータ・ショック」つまり「情報化」はこの国においては歴史の必然ではなくこの国の戦後史に忠実に「外圧」として始まった。あるいは「外圧」を方便とした。

その経緯をまず、確認する。

「外圧」は一九六八年一月に政府と産業界に示された「訪米ＭＩＳ使節団」による「提言」として示された。

## 官製「民間」の訪米使節団

すなわち「ＭＩＳ使節団」なる人々の訪米がマイナンバーの全ての始まりであったといえる。

「ＭＩＳ」とは聞き慣れないことばだが検索していくとManagement Information System、経営情報管理システムと当時呼ばれていたものだとわかり、以下のように説明されている。

1970年代になると、次第に基幹業務系システムの対象業務が広がり、多くの部門での日常活動の結果がコンピュータに集中して蓄積されるようになりました。そうなると、データの有効利用が期待されます。データを多様に加工して伝達する機能はコンピュータに任せることができます。それらの情報は、中間管理者を飛び越えて、経営者へ直接に報告できます。このように、経営管理者の支援のためにコンピュータを利用すべきだというコンセプトをＭＩＳ（Management Information System：経営情報システム）といいます。
（木暮仁「経営者・利用部門のためのＩＴ入門」http://www.kogures.com/hitoshi/opinion/text1-mis/index.html）

この文章を記した人物は一九三八年、つまり昭和十三年の戦時下の生まれで、ぼくよりも二十歳年上の方だ。キャリアを見るとこの国の黎明期の情報論の研究者であった印象だ。国民総背番号が議論された一九七〇年前後、三十代の初めのはずだ。つまり、リアルタイムでその行方を目撃された方と考えられる。

この一文から経営にコンピュータの情報処理を導入せよというＭＩＳは当時、流行だったようだとわかる。

そのＭＩＳを目的として掲げた使節団が一九六七年一〇月に訪米、三週間に渡って企業や行政、大学などの北米のコンピュータ事情の最前線を視察する。

派遣したのは日本電子計算開発協会と日本生産性本部である。

日本電子計算開発協会は『コンピュータ白書　情報革命下の電算経営』一九六七年版の「編」としてクレジットされる法人である。この白書は日本企業のＭＩＳ化を強く主張する内容だが、それは同年のこの使節団を踏まえてであり、『コンピュータ白書』そのものがこの年を最初に同協会及びその後継組織によって刊行されることになる。つまり、使節団とそれを派遣した組織がこれ以降の日本のコンピュータ行政を牽引してきたことがこの事実一つからも窺える。

この組織は情報処理産業の振興のため設定され、一九七六年に総務省及び経済産業省所管の財団法人日本情報処理開発協会となり、変遷を経て今も公益法人として存在する。

また日本生産性本部は中山太郎の著書の刊行元で今も存在する。

そのＨＰには今はこうある。


日本生産性本部は１９５５（昭和３０）年に「生産性向上対策について」の閣議決定に基づき、政府と連携する民間団体として設立され、米国に経営組織、生産管理、マーケティングなどの経営手法を学ぶための視察団を派遣するなどして戦後の日本経済の復興と高度経済成長を支えました。また、経済界・労働界・学識者の三者から構成されるユニークな組織であり、産業別・企業別の労使の委員会を設置するなど、現在の労使関係の基盤をつくりました。（日本生産性本部「日本生産性本部とは」https://www.jpc-net.jp/about/history.html）

会長は発足時の一九五五年の時点では経団連会長石坂泰三、国民総背番号制が議論された時期は日本商工会議所会頭足立正が務め、財界と国策をつなぐ役割を担っていたことがわかる。同法人は生産性運動、つまり企業の今でいえばコスパ化を推進してきた機関であり、そのコスパ化とは、企業全体や対資本だけでなくむしろ労働者一人当たり、労働時間一時間当たりで算出される質のものだ。つまり労働のコスパ化が日本生産性本部の目指すものだ。「ＭＩＳ」が目指す「労働」のあり方が自ずと見えてくる。

日本生産性本部は一九六七年国際反戦デーには社青同解放派が侵入し立てこもる事件のターゲットになっている。新左翼の標的となったことは当時、この組織がどういう目で受け止められていたかを相応に物語っている。いわゆる「マル生」――旧国鉄や郵政省で当時「生産性向上運動」の名の下に行なわれた労働者管理――は、同法人が「協力」しており、非人間的ともいえる労働強化につながると批判され、労働組合と衝突を産んだ。

国民総背番号制の出発点が企業の経営効率化と労働者管理にあり、それが国家運営や行政のモデルに並行的に援用されたものだという流れが見えるだろう。

現在のマイナンバー制度が①企業側の要請・利益に基づくものであること、②日本の情報インフラのアメリカ化にあることの二点の政治的側面は、この使節団に端を発していると言える。

ＭＩＳ使節団のメンバーは表1の通りである。

金融、鉄、航空、鉄鋼、建設、証券のトップ企業に加えて、通商産業省の役人、そして、日経・朝日の全国紙、論壇系から中央公論社が加わる。

主宰した二つの法人の属性、及び参加者のその顔ぶれが政治力を持たないはずはない。

そして訪問先は表2である。およそ二〇日かけてアメリカを縦断するが情報産業のみならず金融を含む北米の巨大企業、さらにはＭＩＴなどの研究機関だけでなく国防省が含まれる。また AFL-CIO とはアメリカ最大の労働組合で日本企業の情報化が労働問題つまりは労働組合対策としてこの時点で想定されていることもわかる。

この使節団は報告書『アメリカのＭＩＳ――訪米ＭＩＳ使節団報告書』（図2）でアメリカで「見えざる革命」が進行中だと強調する。

同書はそれが「情報革命」であるとする。

しかるに、現在アメリカで進展しているいわゆる情報革命は、コンピュータによる情報の大量処理がその基本的特長であるから、われわれの目には見えにくい。しかも、この情報革命は、単に産業社会の構造や

表1　MIS 使節団名簿（肩書きは当時）

| | | |
|---|---|---|
| 団長 | 奥村　綱雄 | 野村證券株式会社　会長 |
| 副団長 | 井深　大 | ソニー株式会社　社長 |
| 〃 | 上枝　一雄 | 株式会社三和銀行　頭取 |
| 団員（ABC順） | 伍堂　輝雄 | 日本航空株式会社　副社長 |
| 〃 | 郷司　浩平 | 財団法人日本生産性本部　理事長 |
| 〃 | 五島　昇 | 東京急行電鉄株式会社　社長 |
| 〃 | 平井富三郎 | 八幡製鉄株式会社　副社長 |
| 〃 | 平田敬一郎 | 日本電子計算開発協会　会長 |
| 〃 | 広田精一郎 | 東洋レーヨン株式会社　社長 |
| 〃 | 牧田與一郎 | 三菱重工株式会社　副社長 |
| 〃 | 鍋島　綱利 | 住友電気工業株式会社　社長 |
| 〃 | 佐々木邦彦 | 株式会社富士銀行　副頭取 |
| 〃 | 瀬木　博政 | 株式会社博報堂　会長 |
| 〃 | 高島　節男 | 通商産業省　重工業局長 |
| 〃 | 植村甲午郎 | 社団法人経済団体連合会　会長 |
| 同行記者団名簿 | 赤司　正記 | 株式会社日本経済新聞社　社長室電子計算機部長 |
| | 萩野　義夫 | 株式会社朝日新聞社　経済部次長 |
| | 岡田　雄次 | 株式会社中央公論社　「経営問題」編集部 |

図2　MIS 使節団の報告書。日本生産性本部・日本電子計算開発協会編『アメリカの MIS〈訪米 MIS 使節団報告書〉』（ぺりかん社、1968 年）

表2　MIS 使節団訪問先

| |
|---|
| スタンフォード研究所／アメリカ銀行／ランド・コーポレーション／ヒューズ・エアクラフト社／ロッキード・エアクラフト・コーポレーション／M. I. T.／アーサー D. リトル社／I. B. M.／チェース・マンハッタン銀行／アメリカン・テレフォン・テレグラフ社／スペリー・ランド社／メリル・リンチ社／ディーボルド・グループ・インコーポレーション／バンカーズ・トラスト社／ゼネラル・エレクトリック社／アメリカン航空／国防省／予算局／AFL-CIO |

表1・2出典：日本生産性本部・日本電子計算開発協会編『アメリカの MIS〈訪米 MIS 使節団報告書〉』（ぺりかん社、1968 年）

形態を変革させるばかりでなく、われわれ人間自身の考え方や態度の変化をも要求するものである。

（日本生産性本部・日本電子計算開発協会共編『アメリカのＭＩＳ〈訪米ＭＩＳ使節団報告書〉』ぺりかん社、一九六八）

ここで「革命」は「われわれ人間自身の考え方や態度」に変化を求めるものだと経営者としての彼らは言う。しかし、その「人間」に求められる変化は彼らを派遣した日本生産性本部の考え方に現われているように労働者としての人間のコスパ化を前提としたデジタル社会への適応であり、変化はもっぱら産業界の要請によるものである。すなわち「生産性」向上のため対コンピュータに最適化するため「労働者」の方に「人間」としての「変化」が求められるという意味を少しも出ない。

## ＭＩＳ使節団の提言

ＭＩＳ使節団は民間、即ち産業界に対して七つ、政府行政に対して六つの提言をする（表3、表4）。このうち「人間像」の「変容」とは「民間への提言」の第七の「労使間の諸問題」について「民主的・科学的」に対応すべしとする部分のみで労働者に一方的に変われと促すものだ。「コンピュータをめぐって各種の労働問題」の発生を予見しているが、つまり「問題」は労働組合への対応策でしかない、とわかる。

実際、一九七〇年代前半、国民総背番号は「労働問題」であった。

例えば一九七二年の第四十四回総評大会では「情報化問題とくに国民総背番号制度反対の戦いの具現化について」という提案が自治労、電通共闘と共同で採択されている。もっとも前掲書の著者である高見・玉川に言わせればこの提言も結局は「情報化社会」の技術的基礎となるデータ通信部門の整備を認めた点で隠れ推進派

表３　MIS 使節団の「民間」に対する提言

| |
|---|
| 1．トップ・マネジメントはコンピュータが資本自由化に対応する企業の国際競争力強化の有力な用具であることを理解し，ＭＩＳ（経営情報システム）の確立に自ら積極的に取組むとともに，これに伴う企業組織の変革に前向きの姿勢で対処すべきである。 |
| 2．企業のＭＩＳは，それぞれの業種・規模などに対応した固有のものであり，これを開発するにあたっては長期的・総合的計画のもとに，まず，日常業務の分野からもっとも効果の上がる個別業務を選んでサブ・システムを開発し，順次総合的なＭＩＳに発展させていくべきである。 |
| 3．ＭＩＳに必要な基礎的資料を迅速・適確に収集・蓄積・仮構するため，生産・販売・会計などの基幹的業務の簡素化と標準化を促進し，情報環境の整備・改善を計るべきである。 |
| 4．企業は経営の各階層に対するコンピュータ教育を計画的・継続的に実施し，トップ・マネジメント自ら新しい経営管理技法を理解・習得するとともに，次代の後継者の育成を計り，また，コンピュータの専門技術者の養成に努めるべきである。 |
| 5．中小企業の経営者は労働力不足時代に対処して，コストの低減と経営の近代化を促進するため，コンピュータの積極的利用を心がけ，企業内における情報環境を整備するとともに，とくに共同利用によるコンピュータの活用を計るべきである。 |
| 6．将来コンピュータの共同利用が急速に発達すると目される医療，法曹，教育などの分野においては，共同情報処理システムに関する委員会などを設置して，これに対応した諸般の準備に早急に着手すべきである。 |
| 7．労働組合は長期的視野に立つコンピュータ対策を確立し，コンピュータをめぐる労使間の諸問題については労使協議により民主的・科学的に解決することがのぞましい。 |

なのだ、という。

ちなみに同書は、プライバシーの権利とはあくまで対国家で担保される自由であり、そのための闘争権だと主張する。この「権力と対峙する権利」は現在では沖縄での「座り込み」へのネットインフルエンサー（名前も書くのも虚しい）の冷笑にさらされたりもしたが、民主主義システムの遂行においては放棄してはいけない手段なのはいうまでもない。

ＭＩＳ提言に戻ると、企業が労働者に求めるのはデジタル化による合理化に「適応」することだ。石森『ライダー』もそうだったが、国民総背番号制が当時、しばしば「ロボット」化と比喩されたのもそれ故だ。

同書は労働者の身体のデジタル化をチャップリンの「モダンタイムズ」を

表4 MIS使節団の「政府」に対する提言

| |
|---|
| 1．政府及び地方自治体は，行政機能の複雑化に対処し，行政の効率化と高度化を推進するため，中央・地方を通ずる総合的，有機的な行政情報処理システムを採用すべきである。<br>また，その基礎として，行政事務の簡素化，データ・ソース（資料簿）の一元化など情報環境の改善，整備に努めるべきである。 |
| 2．多次元にわたる委員会を設置するとともに，アメリカ政府のPPBSを参考とし，システム・アナリシスなどの近代的経営管理技法をより積極的に導入して，より合理的な政策の決定と予算配分を行うよう努力すべきである。 |
| 3．コンピュータと通信の結合による新しい情報革命に対応するため，経営形態信頼度，速度，料金体系など通信回線による情報の伝達に関する諸問題を根本的に再検討し，情報産業の発展という新しい時代に備えるべきである。 |
| 4．コンピュータ人口を大量に育成するため，大学・高専にコンピュータに関する教育課程を拡充するとともに，コンピュータ総合大学などを設立し，社会人に対する専門的なコンピュータ教育を強化すべきである。 |
| 5．コンピュータ・テクノロジーによる国際競争力を強化するため，研究開発や社会的分野に関するコンピュータ・システムの開発に大巾な財政資金を投入するとともに，政府が率先して知識の価値を正当に評価する社会的慣行の形成に努めるべきである。 |
| 6．コンピュータを中軸とする情報システムが，今後の行政・教育・社会・経済などに及ぼす影響の重要性を鑑み，政府は国の最高政策としてこれに関する強力な基本政策委員会の設置を検討し，上記に提言してきた広汎な諸問題の総合的・有機的解決にあたり，国全体としての長期的な政策の立案と推進を計るべきである。 |

引き合いに出して、肉体労働での機械化をイメージするが、デジタル化による人間性の疎外はそれにとどまらない。「情報」的思考やデバイスの操作に人が適応することで様々な軋轢が生じ、人と人との関係を変化させてしまうことは、恐らく少なからぬ人々が実感しているはずだ。

それを「情弱」や「老害」と冷笑して済ませることで不問にしてはならない。

同書は的確なことばを見つけられていないが、「情報化」に伴うインフラに労働者自身が合わせよ、という経営側の主張を根本的に批判している。問題なのはその「情報化」が労働者ではなく経営者側から一方的に定められていることだ。それはマイナンバー制度がまずありきで、それに応じて私たちの側が個人情報に対する意識や「保険証」の使い方一つとっても望まない行動変容を求められている現在にもつながるのだ。

しかし、問題はこのＭＩＳの提言が「政府」に対してなされ、それに主導される形で国民総背番号制も政策化したことだ。それは具体的にはＭＩＳの第一の提言に「行政の効率化・高度化」のために「中央・地方を通じる総合的、有機的情報処理システム」を構築すべく、その基礎として行政事務の簡素化、「データ・ソース（資料源）の一元化」をせよ、とある。「データ・ソース」とは種々の行政機関にまたがる年金や税、社会保険から種々の免許や司法上の情報にいたるあらゆる個人情報であり、それを「一元化」つまり個人番号で管理せよというものだ。

この産業界の「要請」で国民総背番号制が議論されることになる。

その産業界の要請は派遣した団体の属性から官僚主導である。そして官僚主導で組織されたＭＩＳ使節団が持ち帰った「提言」はどう考えてもアメリカの政府や産業界の要請のはずである。「外圧」という表現が正確でなければ自ら進んでアメリカの「情報化」に帰順していく政策が示される。それがＭＩＳ使節団の提言である。

つまり、マイナンバー制度の始まりはアメリカの「外圧」が官僚主導の産業界の「要請」で政策化され、今に至るということがこの報告書で裏付けられる。現在のマイナンバー制度批判においても、システム設計のソフトやアプリなどの受注が「利権」化していてそれが産業界のマイナンバー推進論になっているという見方があるが、それは限定的な見方だ。産業界が「データソース」（国民の個人情報）の管理を行政にわざわざ求めたのは提言にあるように「通信回線」によってコンピュータが共同使用される社会に向けた行政や教育までを含む総合的なインフラ整備のためであり、そこへの重点的な予算配分と情報化を統治する組織（つまりデジタル庁）の設置も求めている。マイナンバー制度を含む現在のデジタル政策はアメリカの産業界を模した経済界の「提言」として既にＭＩＳの報告書の中にまとめられているのである。それは政府による社会的なインフラ構築に橋や鉄道、公共施設などのハコモノの「リアル」から「バーチャル」への転換を求めているのに他ならない。そしてあからさまには描かれていないが産業形態が「情報処理産業」として提示されている時点で、しかも行政の情報の一元化が提言されている以上、その企業による「利用」の道が開けていることはいうまでもない。つまり、もっと大きな権益がデジタル周辺に五十年をかけて構築される「始まり」なのである。

本書がのちに問題とするスマートシティ、スーパーシティ構想は個人情報の行政による利用だけでなく、企業にその利用を解放する点にこそ大きな利権がある。マイナンバーカードのICチップには名前、住所、誕生日、性別のみが記載されているとされるが、「余剰」があることは知られており、それは行政のみならず企業による利用（「行政」サービスはこの先、民間に丸投げされていくだろう）を想定してのものなのは後述する。即ち、「国民総背番号制」においてプライバシーや人権は「国家」から守られるべきものだけでなく「企業」からも守られなくてはならない権利となる。

その点で日本政府の政策を「ショッカー」という「民間」が乗っ取ったという『仮面ライダー』の設定は極めて予見的である。

## 「国民総背番号制」ということばが見えにくくしているもの

さて、このMIS使節団を受け、一九六七年十一月に産業構造審議会に情報産業部が設置され、六九年に「情報処理及び情報産業の発展のための施策に関する答申」を出す。通産省と郵政省の共同で「日本情報処理開発センター」がスタート、また民間からは六八年一月のMIS使節団の「提言」に始まり、六九年五月にかけて、経団連など民間から計五つの「提言」がなされ民間からの強い要望が「演出」される。

「演出」と書くのは官僚の作文は常に民間からの「要請」の形式をとるからで戦時下の児童書の取り締まりか

らいわゆる「慰安所」に至るまで民間の要請が「作文」され残されるので軍や政治の積極的関与は見えにくい理由でもある。

こういう「民間」である財界の使節団自体が行政の、つまり官僚のお膳立てであり、同じく「民間」からの提言や審議が続く。行政は形式上それを「受けて」動き出すのだが、実際には官僚側による周到な準備が行なわれている。本書でもマイナンバーやスマート／スーパーシティ構想が前面に出てくるはるか前から地方自治体で実証実験が進行していたことにその都度触れると思うが、国民総背番号制の審議を前にして、その実証実験を行なった自治体の一つが東京都中野区である。

同区は一九六八年十一月、新庁舎の設置に伴い住民記録の情報を統合管理しコンピュータの「マスターテープ」に収録する「中野方式」と呼ばれる事務処理方式を始める。住民情報のデジタル化とオンライン化である。その根拠となったのが六七年十一月に施行された住民基本台帳法であり、住民情報のオンライン上の統一的運用が住民への統一ナンバリングをもって初めて可能になった。この住民基本台帳法が一九九九年八月に「改正」され、「住基ネット」の法的根拠となる。のちに触れるように住基ネットとマイナンバーはそれを運営する組織も看板の架替で継続しているし、マイナンバー自体が住民基本台帳の個人番号から「生成」する仕掛けである。つまり、国民総背番号制時代からマイナンバーに至るまで行政のインフラは一貫しているのである。

このような地方自治体の実証実験は中野以外でも官民共同の形でいくつか行なわれている。

中野区より早く墨田区は「区民マスターファイル」と呼ばれる区別の個人コードに加え、性別、住所、生年、あるいは世帯、続柄、選挙権、保険、年金、税をそれぞれ一～一〇ケタの数字でこれに紐付けする制度を準備、住民基本台帳法と一体化している。このことからも同法が国民総背番号制を見据えたものであったことは明らかだ。

さて、そもそも「国民総背番号制」という言い回しが人口に膾炙したのは一九七〇年六月六日の『朝日新聞』の以下の記事あたりがきっかけの一つとされる。

日本で手がけていないコンピュータ利用法を、ヨーロッパでさがし出すのはむつかしい。一つはっきりしているのは、国民総背番号制度だ。生れたときに、固有の番号が付く。結婚、改名、転居すべてかかわりなく、死ぬまでついてまわる。コンピューターに記憶され、保険や税金、年金、免許といった行政事務が、これでいっさい処理される。北欧四カ国が実施ずみだ。(『朝日新聞』一九七〇年六月六日)

しかしこの記事に首を傾げていい点は二つある。

一つは「国民総背番号制」という言い方で問題点を「国家」対「国民」に限定したこと。無論、この立論は現在に至るまで必要であるし、改めて問われるべきであるという本書の主張は変わらない。しかし『朝日』はMIS使節団の一員であり、報告書にも名を連ねている。つまり「国民総背番号」が直接には産業界の要請であることを知っているのに、この記事はそれが見えにくくなっているという問題が実はある。

つまり「番号を振る」という「権力」の行使とその利用を求めているのは自治体でも国でもなく実は産業界だということだ。「ショッカー」がカウンターパートに政府でなく「民間」を選んだのはそれ故、正しい。

もう一つは、「国民総背番号制」が産業界の北米視察によるデジタル産業のアメリカ化政策であったものが、北欧モデルとされている点だ。確かにこの記事に先行して行政管理庁はスウェーデンなどに職員を派遣してはいる。それが結果として北米の「外圧」であったことを見えにくくしている。

恐らく先に記したウィキペディアでの「国民総背番号制」という語の忌避はこのような『朝日』記事あたり

を出自とする政治的なことばだからという部分があるようにも思えるが、確かにこのことばは「対国家」という立論を明確にする一方で産業界とアメリカの双方を見えなくしている点で別の意味で「政治的」だ。

その点でも「国民総背番号制」ということばは二重に罪深く、批評的に正しく用いないと当時のミスリードに乗ることになってしまう。

改めて確認するがマイナンバー制度は国民皆番号制度という側面だけでなく行政と産業の双方のデジタル社会へのインフラ構築の政策としてまず提示されたものだ。

そしてその構図の最終的な着地点が安倍政権下に結ばれ二〇二〇年一月一日に発効した日米デジタル貿易協定（Agreement between Japan and The United States of America Concerning Digital Trade: デジタル貿易に関する日本国とアメリカ合衆国との間の協定）である。当時、トランプ政権が求めた日米物品貿易協定（TAG）にばかり関心がいって目立たなかったが、個人情報を含むオンライン上の情報を北米に解放するものであり、その民間利用が国内だけでなく北米の企業に開かれた点でデジタル上の、あまり使いたくはない語だが「売国」的協定である。つまり北米のインフラに合わせた個人情報の民間活用が可能な社会の構築という国民総背番号制度に対する一九六〇年代末の「外圧」による国策は安倍とトランプの蜜月の時代に収斂するのである。

## 2 国民総背番号制からマイナンバーへ——国会審議の行方

安倍政権によって国民総背番号制が北米追従という当初構想に忠実に着地したと前節で記したが、一九七〇年以降、この国民もしくは国内居住者に個別の識別番号を振るという政策はその方便を変え幾度も頓挫しつつ国会に法案として提出され続けてきた。その「執念」は今にして思えばその度、唱えられた行政上の方便（何故必要かという理由は審議の度に猫の目のように変わる）ではなく、官民一体の情報化社会のインフラ構築と個人情報の民間利用を「外圧」に従う形で推進する国策であったと考えれば納得がいく。

とはいえ、その時々の「各論」の中で現在のマイナンバー制度における抜け落ちた論点がやはりある。その掘り起こしは重要だ。他方ではその変遷が一見、迷走に見えながら、現在のマイナンバー政策の細部が着実に設計されていった印象がある。その確認も必要だ。

この節では国会の審議を中心に「マイナンバー」に至るまでの語られ方の推移を概観したい。

国民総背番号制は、世界史的にはナチスのＩＤ制度との類似も指摘されている。日本においては遡れば近代警察の創始者川路利良が明治八年に「不逞凶悪ノ徒」の横行を防止するために全民全員に旅券を発行する制度を提言したあたりに見出せる。しかし明治政府の国民管理が「個人」ではなく「家」を単位とする戸籍制度であったこともあり、個人ＩＤは必ずしも支持されなかった。その意味で国民総背番号制には国家の国民管理の

「家」から「個人」への大きな転換という側面もあり、このあたりに現在の保守派が無頓着なのは奇妙ではある（だからこそ「理念」や「道徳」としての「家」や「家族」を強調するのだともいえるが）。

国民総背番号制からマイナンバーに至る国会審議の推移は巻末に示した。

具体的にはいわゆる国民総背番号制（一九六八―一九七三）、納税者番号及びグリーンカード制（一九七九―八五）、住民基本台帳ネットワーク（一九九四―二〇〇三）、マイナンバー制度（二〇〇九―現在）と繰り返し国会で議論され、その名称は様々に推移する。そしてその成立には自社さきがけ連立政権（一九九四―一九九八）と民主党政権（二〇〇九―二〇一二）の二つの非自民政権が巧みに利用されている印象もある。この事実はマイナンバー制度に必ずしも立場が明瞭でない、つまりマイナ保険証には批判的でもマイナンバー制度への批判が曖昧な、現在の立憲民主党の態度にもやはり連なるものがある。

それでは制度案ごとに国会審議を見ていきたい。

## a　国民総背番号制時代（一九六八―一九七三）

国民総背番号制時代の出発点の一つはＭＩＳ使節団の訪米を受けて、佐藤栄作内閣時代の一九六八年八月に「政府における電子計算機利用の今後の方策について」という閣議決定がなされたことにある。その中のコンピュータ導入の「利用上の隘路となる諸問題解決のための措置」を講ぜよという部分が恐らくポイントである。そして六九年四月、七省庁電子計算機利用打ち合わせ会議が発足、七省庁とは行政管理、通商産業、郵政、経済企画、大蔵、科学技術、文部の各省庁である。そして、七〇年二月「昭和４５年度情報処理の高度化に関する運営方針」を示す。ＭＩＳの政府への提言の、第一項を受けての動きである。七〇年三月には「各省庁統一個人コード研究連絡会議」が設置される。国民もしくは日本国居住者にナンバリングをするという政策は「コンピューター国家」、今なら「プラットフォーム国家」への大前提となる。石森がその番号に「コード」とルビを振ったことはやはり卓見なのだ。

この連絡会議以降、行政管理庁は「事務処理統一コード」推進の協議を始める。国民総背番号という「俗称」に対しこの時点で行政内部での正式の名称は「事務処理統一個人コード」である。そして「事務処理用統一コード設定の推進」が政策的に目論まれ、同年九月には学識経験者の意見を聞くためにＭＩＳ使節団の派遣元の日本電子計算開発協会の後身となる日本経営情報開発協会に「統一個人コードに関する情報研究」の設置が委託される。つまり民・官に学が加わり、七〇年四月の時点で「国民総背番号制」に向けた地ならしは、行政主導で民間をリードしつつ、マッチポンプ的に周到な準備がなされていくのだ。

## 議論の始まり

そして国会審議で「国民総背番号制」が問題となったのは一九七〇年四月、つまり官民での地ならしが済んだ直後である。ちなみに国会における国民に背番号というアイデアは国民総背番号に至る流れと関係なく一九六八年二月二十七日、社会党の畑和（後の埼玉県知事）によってなされている。

畑は安保闘争の最中に見られた警官のデモ参加者への過剰な暴力に対して国家公安委員長にこう迫る。

> 警官、特に警備の関係の人はこういう過剰があり得るんだ。したがって、やはり背番号をつけるべきだと思う。その点、国家公安委員長、背番号をつける考えはないかね。
>
> （第58回国会　衆議院　予算委員会　第7号　昭和43年2月27日）

つまり国民が国家権力を監視するために番号を「公」の側に付すという考え方である。ひどく突拍子もない思いつきに聞こえるが、これは全く間違っていない。

余談だが、皮肉というより真面目な提言として記すが、全ての政治家に個人番号を付し、少なくとも政治資金の運用はこの個人番号なしでは認めない「政治家総背番号制」こそが必要ではないか。「番号を付す」のは権力の行使であり、その「権力」は私たち主権者に本来ある。無論そこで政治家は自分たちの言論の自由や結社の自由を訴えるだろう。しかし、そこで始めて政治と私たちは「自由」について共通の場所にも立てる。

話がずれたが国民総背番号制への最初期の質問も社会党からなされる。全道庁職員組合を経て参議院議員となった山崎昇は行政管理庁、つまり省会議の中心である官庁に対して「国民の番号制度」について問う。

それに対する役人側の回答は以下である。

昭和四十三年八月三十日の政府の電子計算機利用の高度化に関する閣議決定、それからまたさらに昭和四十四年七月十一日でございましたか、三年計画の第二次計画の閣議決定、この両者の中にうたってございます電子計算機の利用の高度化の中の各種コードの統一標準化ということがございます。これの一つに当たるというふうに考えております

（河合三良・行政管理庁行政管理局長　第63回国会　参議院　内閣委員会　第9号　昭和45年4月14日）

既に見たＭＩＳ使節団以降の行政府内の動きをさらりとまとめた上で「電子計算機利用の中の各種コードの統一標準化」の「一つ」ととぼける。「磁気テープの規格統一」も同様に「標準化」だとする役人らしい詭弁がこの後に続いた。

そして「コード」の「標準化」とは「実はこれは現在関係省庁でそれぞれずいぶんいろいろな番号をつけておられるわけでございます。健康保険につきましても、年金につきましても、あるいは免許証につきましても、これすべて番号がついておりまして、ただ、この番号が全く不統一でばらばらになっている。これはやはり統一したほうが行政上便利ではないか」（同）とその必要性を訴える。つまり現在のマイナ保険証、マイナ免許証の構想がこの時点からのシナリオだとわかる。

注意すべきは保険、年金に続けて、失業保険の不正受給対策が仄めかされている点で、不正をさり気なく強調し、その対策であることを匂わせるのはマイナンバー制度にも見られる常套手段である。

そして先に言及した中野区での実証実験を踏まえて、「中野区役所の担当の方に聞いてみますと、各省庁の個人の分類番号がばらばらであることによって、区役所でそれを受け入れる受け入れ方が非常に複雑になる。これが一本になっていると、たいへんに便利であるというようなことも申しております。」（同）と答弁する。つまり、自治体も要望しているという「方便」が造られる。「民間」の要望と同様に「自治体」の要望に国として応えたいという「ポーズ」である。

## 私たちの民主主義はそこまで成熟しているのか

このようにして、この行政管理庁の回答で「国民番号制度」が検討されていることが国会で公となる。

それに対し社会党・山崎は二つの立論をする。

一つは「国民番号制度」をどこで所管するのか、という問い。これに官僚は「その点までは確定をもっていない」と曖昧に答えるが、かなり本質を突く質問である。既に見たように北米の「外圧」に財界＝民間が行政に提言し、一方で自治体の要請もあり、七省庁という官と民間、そして「学」も動員されつつあって、しかし、責任の所在やその牽引機関も曖昧な、極めて日本的な「協働」であたふたとそれに対応している様が今見ればあらわになっている。

そして二つめが「人権」の問題である。

一億なら一億の国民が一連番号で全部できちゃえば、これは私はやはり使われないとは保証できない。そこで、心配になるのは徴税、犯罪の捜査あるいは政治結社の自由に対する侵害、あるいは宗教上の問題等、いわば人権に関する問題まで、何かの間違いで私は利用されないとは限らないと思うのですね。こういう問題については、よほどこれはその国が民主制度なり民主主義というものが発達した段階でなければ、私はたいへんな間違いを犯すおそれがあるのじゃないか

（山崎昇・第63回国会　参議院　内閣委員会　第9号　昭和45年4月14日）

番号制度は政治結社、信教などの自由、つまり人権の侵害を国家に可能にする可能性があり、そのためには「民主主義の発達」が前提ではないか、そして、私たちの民主主義はそこまで成熟しているのか、と山崎は問う。自分たちの民主主義の成熟への内省となっている点が実にまともである。

「国民総背番号制」は自社さきがけ政権、民主党政権を経て具体化されていくのだが、その時々、個人情報を統一的に委ねても人権が侵害されないように「国家」を民意が正しくコントロールできる水準にあるのか、という、私たちの民主主義の成熟を問う立論はなされていない。

興味深いのは、社会党は「コンピュータ教育」に前のめりである点で（中村重光・第63回国会　衆議院商工委員会）、問われた佐藤栄作首相の方がそういう機運に態度を決めかねている印象なのも興味深い。

左派の揚げ足をとるつもりはないが、長い議論の中でデジタル政策は「リベラル」に見えたり、左派が大きな政府を求めるが故の効率化というロジックにも使われる。推進のためならあらゆるロジックが動員されるのである。この時々の政権に合わせたロジックの提供が役人の仕事なのだろう。

国会審議で「国民総背番号制」という語が登場するのは一九七一年に入ってからである。社会党北山愛郎が一九七一年二月十二日に第65回衆議院決算委員会で始めて用い河合三良・行政管理局長が「国民背番号制度につきましては、実は私どもは背番号という名前で呼んでおりませんで、国民個人コード統一の問題というように申しております」と答えている。名称の問題で議論を逸らす国会答弁によくある手法の歴史も古いとわかる。それを補足する形で行政管理庁政務次官（参議院議員）の黒木利克がこう答えていることにも注意したい。

> 国民の背番号制度というものを政府が実施するということをきめたわけではないのでございます。行政管理庁で、各官庁が電子計算機を採用して行政事務の能率化、合理化をはかろうというような動きがありますから、（中略）一体どうしたら行政に電子計算機をうまく活用できるかというようなことを検討いたしておるのでございます
>
> （黒木利克・第65回国会　衆議院　決算委員会　第4号　昭和46年2月12日）

つまり「国」でなくあくまで「行政」の事務レベルでの事案で、あくまで「能率化」「合理化」のために「電子計算機をうまく活用」できるか検討しているだけととぼける。「国民総背番号制」から連想される国の強圧的な国民管理のイメージを何とか薄めようと必死である。

今回のマイナンバーカードの推進が河野太郎に象徴されるように「国」が前面に出て強圧的に振る舞うのと

は対照的である。河野の態度はもはや反対の声は少数で顧みるに値しない、という態度表明であるのだろうが。

だからこそ、一九七〇年時点での国会審議がまともなのは「番号」を人に付すことが民主主義の成熟度の問題と関わるという立論や、そもそも情報化社会が人間を疎外する負の側面があると予見している点である。

例えば、労働運動出身で社会党の松浦利尚は国民生活審議会が出した「情報化時代の国民生活」という答申を踏まえこう主張する。

個人や企業や政府が敏速かつ適切に対応できなかった場合には、社会全体が自分でつくり出した変化の洪水に押し流され、人間性を喪失してしまう可能性が非常に大きいんだ。それから情報のはんらんに対して選択能力が追いつかないために起こる疎外感、職場における理解不能領域の拡大による生きがいの喪失、家庭の機能の縮小に伴う不安定な家庭の増大、コミュニティの崩壊による孤立感、価値観の分裂による対立、抗争の激化等、人間の生命や人間性を阻害する度合いを一段と強めることが予想されるんだ。

（松浦利尚・第65回国会　衆議院　逓信委員会　第12号　昭和46年3月24日）

それに対して政府に出されている答申は「きわめてバラ色」ではないか、と松浦はただす。

松浦の問いはざっくりとした言い方にせよ、今の私たちが感じている不安や絶望と相応に重なり合う。それが全てデジタル化の所産だというのは暴論だ、というのが今の趨勢かもしれないが、ぼくはやはり「情報化」が人や社会をどこまで、どのように損ない、変えてしまったのかについて立論することが今改めて必要だと考える。それはマイナンバー制度の最終地点にスマートシティ／スーパーシティ＝プラットフォーム化した社会が設計されている以上、避けるべきではない。これは各自でも当たってほしいが、これらの構想は「人間らしさ」「ヒューマンシティ」をしばしばうたっているからこそ、その妥当性について、クリティカルな視点が必要なのだ。国民総背番号の審議では、官僚側は、ものごとは「ライトサイドとダークサイドがつきもの」と一般論でお茶を濁したが、立論すべき問題は、先の松浦の質問にほぼ、網羅されている。

## 個人情報の保護をめぐる論戦

もう一つ、松浦は重要な指摘をしている。それはアメリカの連邦通信委員会の委員の一九七〇年万博に際して起草した「人間と文明」という文書を踏まえてその一節を丸々と引用する質問である。

その文書からの引用部分をそっくりコピペする。

情報社会において情報が力であるとすれば、その力は、どのようにして分配されるのだろうか。もし会社にコンピューターがあるとして、すべての従業員がその中に含まれる情報を知って利用できるのか、それともその力は、その会社の社長や選ばれた少数の人々のものとなるのか。また情報は貧富を問わずどの家庭でも同様に利用できるのか、それとも金持だけが情報や知識を得て、貧乏人は取残されるのか。だれが国家のためにそうした基本的な決定をくだすのか――それは私企業か、政府か。個人情報のプライバシーは、コンピューターの中でどう守られるのか。一個人についての誤った情報がコンピューターにはいった場合、誤りを発見し、訂正するその人の権利はどうなのか。（同）

引用によるものとはいえ、これは極めて重要な論点である。

まず、「情報が力である」というのは二つの要素を含む。

すなわち一つめは「情報」を管理することはそれ自体が権力であること。

二つめはその「利用」が「金持ちだけが」利用できるのか、つまり「情報」とは資産や価値であるという点。だからその利用を公平にし、かつ、個人情報を守らねばならないとする。

この時の国会でのやりとりはもっぱら対国家へのプライバシー保護の問題で、対企業の個人情報利用においても大きな問題を孕むことまでは議論が進まないのは残念だが仕方がない。この時点では個人情報やビッグデータの企業による商業利用などは議員にはイメージはできなかったのである。

しかし、松浦の引用の中にはこの問題の立論は最低限、包摂されている。国民総背番号制の意図として個人情報の産業用の資産化があることは「外圧」をかけた側の北米では議論されていたことがわかる。

とは言え「対国家」による個人情報の保護という点では他にも厳しい立論がなされている。

山口鶴男は経済情報開発センターに委託された「事務処理用各省庁統一コード設定に関する研究開発中間報告書」をふまえてそこに「背番号」の利用法にこうあるではないかと迫る。

背番号については十四けたの数字でもって国民全体の背番号をつけたらどうかという提案、それから背番号制の利用可能機関の行政事務例としては、警察においては指紋、犯罪手口照会、法務省においては犯歴、出入国管理、保護観察、大蔵省においては所得税、自治省においては地方税というようなものを例としてあげていると承っている

（山口鶴男・第65回国会　衆議院　地方行政委員会　第26号　昭和46年5月12日）

まさに監視国家的な使われ方が堂々と政府に対して提言されていたのであって、このような事実ひとつとっ

ても この時の「国民総背番号制」への危惧は杞憂とは言い難い。その時点で少なくとも将来に向け検討されているシナリオであったことはわかる。

社会党の横路孝弘も警視庁が進行中の全国情報システムに運転免許などの情報に加え犯罪歴や暴力などが統一的に管理されることに危惧を示す。横路の主張は一度、暴力団の構成員が犯罪歴や統一コードをデータベース化された時、その紐づけは一生ついて回るものなのか、という問いである。犯罪者にそんな権利はないというのがあるいは今の世論かもしれないが、自分の個人情報の自己決定権や「消す権利」へと広がっていく立論である。だからこそ個人情報が各省庁をまたぐ場合、「目的外使用」を禁じる法案は重要であるとする。

別の日の国会でも社会党杉原一雄が「五月の七日の朝日新聞です。そのトップ記事で、「背番号で健康管理」というので、兵庫県の一部で始めるというので、病歴、体質など記入、一生を七期に分け、カード、県が保管、こういう記事が載っている」(杉原一雄・第68回国会　参議院　地方行政委員会　第13号　昭和47年5月9日)と指摘、番号制度が、病歴などプライバシーを広くかつ詳細に紐付けする実装実験が行なわれていることを問題とする。

だからこそ先の横路はプライバシーの保護に関する法案化、さらには一歩進めた情報基本法の整備を通産省にこう迫る。

個人の権利を守るという立場から法律的な整備も考えていなければならぬというように思うのです。通産省という立場になると、これはどうしても企業擁護という立場が出てくるだろうと思いますけれども、通産省としてもこれは基本的な人権を守るという観点から、ぜひ情報基本法というものを制定することを考えて、いまアメリカとか西ドイツあたりの立法例に見られるような点を配慮し、考慮をしていくことが必要じゃないか。

（横路孝弘・第68回国会　衆議院　予算委員会第四分科会　第6号　昭和47年3月25日）

横路が通産省に迫るのは、個人情報の商業利用を企業が求めていることを踏まえての法案制定である。大企業での個人情報利用に対する制限や保護を横路は正しく議論の俎上に上げている。

興味深いのは政府側の答弁である。

大いに勉強してまいります。これこそは新憲法にいうように国会は唯一の立法府である。いまは除外例によって政府が法律の大半を出しておりますが、これは国会が立法することになっております。政府もまた議案を提出することができる、こういうことが拡大解釈されて、今日は政府提案ばかりになっておりますが、そういう憲法上の問題とか基本的人権の問題とか、思わざる結果でもって国民の権利が制約されるというようなものについては、やはり国会でも勉強していただきたい。私たちも十分に勉強いたします。

（田中角栄・第68回国会　衆議院　予算委員会第四分科会　第6号　昭和47年3月25日）

応じたのは当時の通産大臣だった田中角栄である。

田中がまっとうなのは本来、国会が立法で政府提案、つまり行政府提案の法案はそもそもおかしいと横路の通産省に立法を求めたことを筋論で正す点だ。

しかし、それは挙げ足をとったり論点のすり替えによる論破ではない。情報化社会という来るべき時代における国民の権利について、立法府である国会で「勉強」してほしいし、自分もすると正面から応じているのだ。

国会が「国民総背番号」問題について立法府としてただ議論するだけでなく、共に法案を作っていこうという呼びかけである。

横路孝弘と田中角栄が国会の場で立法府のあり方や基本的人権について共鳴し合っている姿は感慨深い。官僚の惚け方は今と変わらないが、国会の審議も人権ということばも、今ほど空疎なものにはなっていないリアルなものとしてあったことがうかがえる。

## すり替えと冷笑

さて、この国民総背番号制に与党の側で熱心なのは推進機関である日本生産性本部からそれこそ「バラ色の未来」を描く一般向け啓蒙書を刊行していた中山太郎である。

中山の質問の中心は「国家機密、企業秘密、個人のプライバシーの保護」への危惧である。プライバシーは三番めにあり、守るべき情報の優先順位は明らかである。しかし、中山の質問の中心は行政の管理するさまざまな「番号」の統一である。つまり、行政業務の簡易化、中でも年金のコード統一という問題に「国民総背番号制」の「目的」がリセットされるのである。

中山はいう。

**中山太郎**　現在、社会保険といわれるものは、政府管掌保険千三百三十五万人、あるいは日雇労働保険五十六万人、船員保険二十七万人、厚生年金二千三百十一万人——組合管掌千三十二万人を含む、国民年金二千四百二十五万人、これでトータル六千万人ほどの国民がコード化されているわけです。それで、それぞれの国民は全部自分の保険についての個人コード番号を持っているわけです。これをどういうふうに、それではあなたは処理をしようと考えておられるのか。

**平井廸郎**　これは、現在の段階といたしましては、まず、厚生省におきまして、年金三保険のコードの統一という問題を現実のスケジュールとして考えておられるわけでございます。年金三保険のコードの統一ができますれば、その上の段階といたしまして、厚生省関係におきましては、医療保険の問題、それからさらには労働省の所管いたしております労災並びに失業保険の全体の社会保険を通じてのコードの統一化という問題に取り組んでまいるべきだと考えているわけでございます。

（第69回国会　参議院　内閣委員会　閉会後第4号　昭和47年9月19日）

かくして国民総背番号制の議論はその後半において、年金コード統一問題にすり替わる。国民番号問題とは年金番号の統一問題であるというロジックはこの時に成立する。なるほど、年金番号の不統一が後に民主党政権を生むことになる「消えた年金問題」の要因となるわけで、しかしそのような不備をこの時点で予想しての提言ではなく「国民総背番号制」をどう国民の前で矮小化するのかの方便に用いられている印象が強い。

そして「いわゆる国民総背番号制の問題につきましては、行政管理庁を中心といたしまして、昭和四十五年から関係各省が集まりましていろいろ研究しておりますけれども、現在の動向といたしましては、そういった国民に一連の総背番号をつけるということではなくて、社会保険関係のコードの統一というものを中心にして検討していこうというようなことになっておると聞いております。」と行政側の方針によって推進されるのはあくまで「社会保険関係のコードの統一」とされてしまう（第71回国会衆議院予算委員会における近藤隆之自治大臣官房審議官の発言、昭和48年3月6日）。まず、年金番号から切り崩そうという方針が決定するわけだ。

中山の質問は水面下で進んでいた背番号制の準備を追認するための方便を作るのが目的であることは言うまでもない。その発言の中には「コンピューター制度を導入して地方自治体が動き出すと徴兵検査に利用されるということを堂々と言っておる学者がおられる。この問題について、私どもは、そういうばかげたことはあり得ない、徴兵制度がないのに徴兵に利用されるはずがないという観点に立って一笑に付しており」(中山太郎・第69回国会　参議院　内閣委員会　閉会後第4号　昭和47年9月19日)といった「冷笑」が散見する。田中角栄のような政治家がいる一方で、人権に対する懸念に冷笑や表面的な論破で答えるという態度はこの時に既に成立していることがわかる。

これは徴兵制度が可能になれば話は別だといっているに等しいのだが。

この中山の「冷笑」が示すようにこの国会では与党は国民の不安を解消するというより議論をすり替えることに熱心である。

例えばイギリスのグリーンペーパー制を持ち出して番号制度は「社会保障給付と所得税の統合」のために必要だ、と言い出す者もいた。コロナ禍の給付金を引き合いにマイナンバーがあればよりスムーズにいったという主張を彷彿とさせるような「税と社会保障の統一的管理」というロジックができあがる。このロジックに民主党政権がはまってマイナンバー制度を推進することになる。

一方、大阪大教授でこの時点から消費税の提唱者であった木下和夫は統一番号で利子所得などの税逃れを管理できるのだと参考人として主張する。「背番号制はプライバシーの侵害であるというキャンペーンが全国にわたって展開されておるような実情」(木下和夫・第71回国会　衆議院　予算委員会公聴会　第2号　昭和48年2月23日)があるが、という世論への「冷笑」から始まる発言であることが悪質である。

自分以外の「誰か」から税を厳しくとるために番号制が有効だというロジックもまた今も用いられる。

## 暴かれたIDカード化計画

また、この時点で個人番号と「カード」化を結びつける仕様が既に検討されていることも注意しておきたい。村山内閣で郵政大臣となる大出俊がこう政府の計画に迫る場面がある。大出は番号制をめぐる行政管理局の非公開の議事録を踏まえ国民総背番号のIDカード化計画があるだろうと迫る。

だから個人コードというものを幾ら整備してみても、IDカードというものがなければ、つまり個人に身分証明書を持たしておかなければ背番号システムは使えないということを、厚生大臣がおいでになる社会保険庁の担当の方がこの議事録の中で言っておられる。

（大出俊・第71回国会　衆議院　内閣委員会　第20号　昭和48年4月25日）

大出は行政管理局の情報システム担当管理官室が個人番号制度推進の司令塔ではないかとも指摘した上で、「国民総背番号」の「IDカード」計画を暴くのである。それこそ保険証が「紙」のみであった時代である。一九七〇年時点でIDカードは一部企業では用いられ始めていたし、中山太郎などは国家機密を公務員に守らせる手段として公務員に番号制のIDカードを導入すべきだとも牽制している。「公」の側こそ番号で管理されるべきだとする主張が国会議員の官僚への恫喝で使われるのはいただけない。番号で管理されるべき「公」は国会議員の方である。

このように「マイナンバーカード」というカード制度もまた一九七〇年前後の議論の中でできあがっているのである。

大出は自治省が国民総背番号のカード化を「最高濃密戦略」と記しているとも指摘している。つまりIDカード化が最重要課題でありながらそのことを公にすれば国民の反発を買うから極秘裏にやるべきだと自治省は考えているのではないかとも迫る。

つまり、この時点で皆ＩＤカード化が目論まれ、しかし、国民の大規模な反発も予想されていたことが窺える。そして社会保険庁が保険制度のコード統一を行なうなどＩＤカードの導入をせよといっているではないかともすっぱ抜き、カードによる国民総背番号が社会保障を方便に密かに立案されていると大出は指摘したわけだ。

それに対して「現在の段階では統一個人コードの問題とは考えておりません」というのが政府答弁である。

しかしその後も外務省が「将来査証免除で旅券そのものがなくなるために、ＩＤカード、背番号制度というものはどうしても必要だという発言をなさっている」（大出俊・第71回国会　衆議院　内閣委員会　第39号　昭和48年7月6日）と内部文書を元に大出は食い下がりもする。

さらには大出は、ＩＤカードは戦略的にあえて打ち出さず三段階に分けていく、そういう工程が計画されているのではとまで内部資料から迫る。政府はともかく「統一個人コード」は考えていないと防戦一方だ。

だが、国会での論戦は既に見たように「統一」番号はあくまで社会保険、主として年金関連の番号統一に限定されるという流れとなっていく。

論戦の終盤の一九七五年頃には「総合課税の徹底を図る」手段としての「国民総背番号制」という立論が与党の側からなされ、大蔵省による銀行の通帳への個人番号の導入の議論も指摘される。つまり徴税の徹底のツールとして「背番号」の位置付けが変わる。

この時、問題とされたのは口座が人口の二倍、二億を超える口座がある郵貯で、つまり架空口座ではないかと「読売新聞」の報道がリードした問題のようだ。しかし、二億口座の内、そこには何枚でも発行される定期預金の証書だけでなく約四千万口座に及ぶ戦時下「外地」でつくられた口座が含まれるとも明らかにされるのは興味深い。

このような議論の中で「国民総背番号制」は法案として提出もされず、そもそもその計画の所在は公式には認めないまま「納税者番号制」という次の形にシフトしていきグリーンカード制度などの議論に姿を変える。

## 情報化政策の三原則

この時期、つまり「国民総背番号制」時代の国会審議を見て改めて思うのは三点だ。

一つは「人権」と番号制の問題が野党だけでなく田中角栄も呼応したように正面から主張されている点である。大出のようにその追及は架空の議論でなく内部資料を入手して政策の行方を追及していく。

この時、政府や行政が防戦一方なのは「人権」という時に戦後憲法が常に参照されるからで、これはまさに角栄に端的に見てとれる。

二つめはそのために推進派の中山太郎を含め政治家は相応に勉強を怠っておらず、たった今、マイナンバー制度で立論されるべき問題が五十年前の時点で出揃っているということである。

三つめは法案として形にならなかったし、知らぬ存ぜぬでとぼけ通しつつも、その様式がＩＤカード型による個人番号制度であることや、紐付けの優先順位、「国民」にどのようにプレゼンすれば耳障りがいいか、そして自治体での実装実験を含めて、制度設計と普及のノウハウがやはり五十年前に官僚によってほぼデザインされている点である。

その政策としての執念深さはまさに「外圧」の所為だということが伺えもする。

そう考えた時、今や行政用語でいうところのSociety4.0（情報社会）の後に来るSociety5.0の時代に突入したとされるのに、実は、マイナンバー制度は五十年前の制度設計であることがわかる。その「古さ」は一体どこまで問題とされたのか。マイナカードの「運用」に伴うトラブルはその制度設計の杜撰さにあるとされるが、それは制度設計の「古さ」にも一因がないかと考えることも必要だろう。

だが、この国民総背番号制時代の審議の中で最もふり返られるべきは一連の議論の冒頭で社会党の中村重光が示した情報化政策の「三原則」である。

情報化政策を進められるにあたっては、三つの基本原則が提唱されている。第一は平和利用と国民生活の優先。二つには、民主的管理それから公開、平等のサービス。三つには基本的人権の保障であるということだと私は思うのです。

（中村重光・第63回国会　衆議院　商工委員会　第22号　昭和45年4月23日）

「平和利用」などは当時と比して今ははるかにリアリティを持つといえる。

マイナンバー制度を一度、この「原則」から検証しても無駄ではない。

マイナンバー制度という五十年前の制度を、今、考え直すための原則もまたこの時点で出揃っていることは国会が最低限、機能していた証でもある。

## b　住民基本台帳ネットワーク時代（一九九四―二〇〇三）

前節で見たように、国民総背番号制の議論の終盤で、「国民総背番号制」は「納税者番号制」に外型を変えつつあり、一九七九年になって改めて政府に税調から納税者番号制度の導入が意見として記される。マイナンバー制度は国民総背番号時代からその名称と目的という看板をその都度変えて生き延びてきたゾンビの如き政策なのだ。

しかし納税者番号への反発もまた強く「少額貯蓄利用者カード」（グリーンカード）は、一九八〇年に大平内閣下で一度法案となったものの、個人資産を国に把握されることへの反発や金融業界からの反対があり制度導入前に廃止された。

グリーンカードの頓挫を経て一九九四年、自治省によって「住民基本台帳ネットワーク」の検討がなされ、「国民総背番号制」が三度めの浮上をする。

そして、一九九九年、住民基本台帳改正法案が成立、二〇〇二年八月から個人に「住民票コード」が通知され、それによって私たちに「番号」が振られることになった。

当時の森首相（二〇〇〇―二〇〇一）が何とかの一つ覚えでIT、ITと繰り返していた時代でその様はいしいひさいちの4コマまんがに描きとめられているのをぼくなどは思い出す（図3）。

それにしても何故、「国民総背番号制」は三度めをもって成立してしまったのか。

再び国会での論戦を軸に考えていきたい。

小早川光郎東大教授を座長とする「住民記録システムの構築に関する研究会」が発足したのは一九九四年八月である。この年六月三十日に細川護熙、羽田孜の非自民政権を経て、いわゆる自社さきがけ政権で村山富市が第八十一代内閣総理大臣となる。

住民基本台帳法案はこの自社さきがけ政権の村山内閣、第一次橋本龍太郎内閣を経て社会党が閣外に去った第二次橋本内閣を経て、小渕恵三首相時代に至る流れで議論され成立、施行される。「住民基本台帳ネットワーク」を根拠づける「住民基本台帳法の一部を改正する法律案」は一九九八年三月十日、第二次橋本改造内閣、つまり束の間の自民単独政権になった時に提出、小沢一郎率いる自由党との連立政権である小渕内閣で一九九九年六月十五日に成立する。

この時賛成に回った公明党はこの後、連立に加わる。

図３　いしいひさいち描く森喜朗「IT」政策
（いしいひさいち『ドーナツブックスいしいひさいち選集 36 クローン猫』（双葉社、2001 年）

こうして見た時、住基ネットワークは政権が自民党から非自民、そして連立政権の組み合わせが変化していく中で、国民総背番号制やグリーンカード時代、野党であった政党・政治家が与党として政権に参画していく中で進められたことがわかる。政権交代が政策転換につながらず野党が与党に転じることで結果として推進されてしまう、ということが住基ネット、そして民主党政権時代のマイナンバー制度にも起こるのである。それは政治家の変節というよりは、政権運営になれない政治家・政党をここぞとばかりに官僚がとり込む、といった方が「住基ネット」に限らず適切だろう。

さて、この間の国会審議の中で垣間見えるのは総背番号制が議論された末期、社会党から密かに優先事項として検討されているではないかと迫られた共通番号とＩＣカードの一体化、つまり現在のマイナンバーカードの輪郭が改めて示されている点だ。それは単にコード化だけでなく情報を書き込む「余白」が用意され「氏名・生年月日・性別・住所」と「十一桁の住民コード」（これが〝背番号〟である）を書き込む仕様なのである。

これは四情報以外の記載が可能であるだけでなく民間の行政サービス参入のためのものであることが示唆される。この「余白」が他の個人情報だけでなく民間が「活用」を望む個人情報を書き込むためのものでマイナンバーカードの「本質」ともいえる部分だ。

つまり国民総背番号制時代に構想されていた制度や戦略に加えて「ＩＣカード」というインフラがデザインされ、そして、そこに込められた思惑＝政策も明瞭になったといえる。

この政権交代という文脈、そしてＩＣカードのあり方を中心にこの時期の国会審議を通観してみよう。

## 連立参加によってとりこまれた社会党

「住民記録システムの構築に関する研究会」が発足する半年ほど前、つまり羽田政権では「納税者番号」が「税制改革」を名目に進められているが、その問題点を追求するのは連立政権に加わらなかった日本共産党で、検討中と口を濁す政権は非自民政権である。

住基ネットの論戦が本格的に始まる一九九四年三月十五日の第１３２回国会は自社さの村山政権であり、追求するのは日本共産党である。まず共産党の吉川春子は住基ネットが実質「総背番号」制であるという言質をとる。

検討されている住民基本台帳番号制度は、生まれたばかりの赤ん坊に一つの番号をつけて、それが一生その人を識別する番号になるというものですけれども、対象は国民一億二千万すべてということで間違いないですか。
（吉川春子・第132回国会　参議院　地方分権及び規制緩和に関する特別委員会　第4号　平成7年3月15日）

それに対し、自治省行政局長の吉田弘正の答えが以下である。

住民基本台帳番号については住民基本台帳制度を基礎として構築するということにされておりまして、御案内のように、現行の住民基本台帳制度は、日本国籍を有しない者及び戸籍法の適用を受けない者を除いてすべての住民がその対象とされておりますので、この番号制度はすべての住民を対象とする
（吉田弘正・第132回国会　参議院　地方分権及び規制緩和に関する特別委員会　第4号　平成7年3月15日）

「国民」という言い方が慎重に回避されているが、日本国籍を有する者が対象だと認めている。住基ネットは二〇一三年から外国人居住者も対象となるが、この時点では「国民」限定のナンバリングであったことが確認できる。事実として「国民総背番号制」なのである。このような本質的な質問から入るところが共産党らしい理詰めさである。

その上で「プライバシーの保護」について、社会党から入閣し住基ネット法案を司る立場にある山口鶴男総務庁長官にこう問う。

社会党はかつて国民背番号制に反対しておられました。その理由は、プライバシー保護が、コンピューター

化され本人に知らされることなく行政目的に利用されるという点。それから二番目に、導入する側は、今答弁にもありましたけれども、役所の非能率とか行政需要の拡大を理由にするけれども、これは効率の名による非人間化だとおっしゃっていました。それから三番目に、国家権力がこのシステムを握るということにより、基本的人権の空洞化なんだ。四番目に、地方自治の破壊、民主主義の破壊、軍国主義化の方向が強まる。

（吉川春子・第１３２回国会　参議院　地方分権及び規制緩和に関する特別委員会　第4号　平成7年3月15日）

社会党の国民総背番号制への反対の根拠を整理し、その上で、「政府の立場」でなく「社会党」としてこの見解は変わっていないか問う。

つまり「政党」としての見解をただすことで政権入りした責任の所在を明らかにする。それに対して山口鶴男の回答。

御指摘のいわゆる統一国民コードといいますか、国民総背番号制度と申しますか、これにつきましては今、委員も御指摘をされましたようにプライバシー保護の面、基本的人権の保護という面、さまざまな問題があるということは私も認識をいたしております。

したがいまして、私としましては、こういったいわゆる統一国民コードというものにつきましては国民のコンセンサスというものがなければ軽々にこれはやるべきものではない、したがいましてまずやっぱり国民のコンセンサスというものが必要である、慎重にこれは対応すべきものである、かように考えております。

（山口鶴男・第132回国会　参議院　地方分権及び規制緩和に関する特別委員会　第4号　平成7年3月15日）

これは、なかなかに興味深い回答である。「国民総背番号制」と社会党時代のようにシンプルには言えず「統一国民コード」という、かつての自民党、つまり与党の用語を併用して、その立ち位置がまず露わになつている。加えてプライバシーや基本的人権は大切だとしつつも「国民のコンセンサス」が必要だというくだりは注意すべきである。

実はこの時期、「住基ネット」が推進されていく根拠はこの「国民のコンセンサス」が醸成されつつあることに求められるのだ。その方便とされたのが一九九五（平成七）年一月十七日の阪神・淡路大震災である。

以下は、村山政権下で自治大臣だった野中広務の発言である。

野中はプライバシーや基本的人権の保護の重要性を認めつつこう述べる。

神戸の阪神・淡路大震災の経過を見ましたときに、幸い県庁あるいは市役所等において施設そのものが崩壊することはございませんでしたけれども、仮にああいう事態で市のすべての機能が崩壊をしたときのことを考えますときに、この基本台帳を収録することが他に必要である側面が私はあるのではなかろうかという考え方を捨て切ることができないのであります。

（野中広務・第132回国会　参議院　地方分権及び規制緩和に関する特別委員会　第4号　平成7年3月15日）

震災による住民情報の喪失という事態に対し、その復元や迅速な対応に「住基ネット」は意味があるという、「非常時」を根拠とした必要論である。改憲論における緊急事態条項が東日本大震災以降、巨大災害を根拠とし

て必要性が説かれるのと同じ論法である

これは従来の①統一番号による行政の合理化、②徴税の徹底、に替わる新しい論拠である。「国民総背番号制」の目的がかくも都合よく変わることはやはり注意しておきたい。

## 後退するプライバシーと人権

住基ネットの議論は社会党が政権を離脱した後も継続するが、その社会党（村山内閣総辞職後「社会民主党」に改称）の変節がうかがえるのが第二次橋本政権下の第１４０回国会である。

自社さ政権では国土庁長官であった鈴木和美が質問者である。労働組合の出身である。鈴木は納税者番号について切り出しその「現状」を問うのだが、対して大蔵官僚は問われていないプライバシーへの配慮を滔々と述べる。それは野党となった「社会党」が元の姿に戻って、プライバシー問題を蒸し返してくるに違いないという、まさに思い込みでそう答えたと思われる。

しかし、鈴木は驚くべきことに、大蔵省に「もうそろそろ」納税者番号を導入すべきと考えているかと「誘導」質問するのだ。

これはトラップでもなんでもない。

ようやく与党の政府委員は質問の意を察して「国民の間で広く議論をしてもらう必要がある」時期に来ていると答える。つまり与党は「国民総背番号制」として全否定されたかつての環境に変化が生じていると暗に語ったわけだが、社民党の鈴木は前のめりにこう引きとる。

私も、もうそろそろ環境が整ったのではないかという理解に立っているんです。なぜかと申し上げますと、

（中略）自治省は自治省で住民台帳番号制度を、これは平成十一年度から導入するというんでしょう。

片一方、今度は労働省は労働省で考えておるし、平成元年二月に税務等行政分野における共通番号制度に関する関係省庁連絡検討会議というのがあるんですが、ここではそれぞれが検討されておって、税務以外についても年金、年金以外の社会保障、輸出入通関手続等の問題、労働行政、運転免許などについてもそれぞれ番号をつけましょうというようなところまで来ているんです。だから、それは環境的にはそろそろやってもいいんじゃないのかなというように私は思っているんだけれども、いかがですか、環境的に。

（鈴木和美・第140回国会　参議院　大蔵委員会　第6号　平成9年3月27日）

もう環境は整ったという時、鈴木は「世論」だけではなく住基ネットに納税、社会保障から通商手続き、労働行政、運転免許に至るまで統一を望む声があることを「環境」といっているのだ。そこまであからさまに言って踏み込み与党の背中を押すのだ。

それに対して政府委員は「今、委員御指摘のように、かつては国民総背番号制というような議論もございましたが、まさに情報化の流れとともにこのようなことに対してくるアレルギーとでもいいましょうか、問題点も国民の間では少なくなっていることも事実のようにも思います。」（尾原榮夫大蔵大臣官房審議官・第140回国会　参議院　大蔵委員会　第6号　平成9年3月27日）と国民の間での「アレルギー」は少なくなった、と述べる。

国民総背番号制時代の「人権」への懸念を「アレルギー」とする答弁を引き出してしまうのである。マイナンバー制度が基本的人権を損なうという危惧を「情弱」と切り捨てる言説の出発点のようなものである。

つまり社民党の人権意識そのものの変節が窺える。

それでもプライバシーについての慎重さを口にするのはむしろ政府委員の方で社民党の鈴木は「今になって

もまだプライバシーの問題はと言っているのでは」話にならんと切り捨てる。

これでプライバシーや人権は議論の中心から後退する。

その中で人に番号を付すことを「人間の尊厳」に反するという正論を述べる無所属議員もいた。


私は高度情報化社会推進論者ですけれども、だからこそその人間の尊厳というか、絶対崩してはいけない一つのルールというのはあるので、とんでもないことだ。また、カードを全員に持たせるなど、高度情報化社会と人間をコンピューターのチップと間違えておるのじゃないかと、非常に恐ろしさを感じております。

（河村たかし・第１４２回国会　衆議院　予算委員会第七分科会　第2号　平成10年3月20日）


現名古屋市長の河村たかしである。

現在のパブリックイメージからはおよそ相容れないが「世論」に敏感に流れるポピュリストであるからこそ、社民党議員のもうプライバシーなどをとやかく論じる時期ではないという「与党的見解」が決して民意とは一致していなかった当時の空気を皮肉にも伝えている。しかし、「人間に番号を振る」という恐れ多いことをするのに「巨大な予算」を使っていいのかともいう河村のその時の問いかけはやはり有権者の実感ではあったはずだ。

## 想定されていた民間利用

このようにして第二次橋本内閣、つまり社さが去った後の自民党単独政権で「住民基本台帳法の一部を改正する法律案の改正」についての審議が始まる。

まず政府説明がなされるが、注意しておきたいのは「民間において住民コードが利用されることを制限されるため住民票のコードを告知することを求めてはならない」と「民間利用」に歯止めが一応はある点だ。逆に言えば「民間利用」がやはり想定された制度だということだ。

質疑が始まると民主党・葉山峻は「住民基本台帳ネットワーク」をこう概観する。

住民基本台帳ネットワークシステムとは、住民基本台帳を基礎にして、全国民に漏れなく十けたの住民票コードという名の統一番号をつけ、氏名、住所、性別、生年月日の四情報とともにコンピューターに入力して、それを、新たに設置する全国オンラインセンターに専用回線で結んで管理しようとするものであります。同時に、ＩＣ仕様のカードを発行して、個々人に持たせ、身分証明書として利用する計画でもあります。

このような住民基本台帳ネットワークシステムが一たん導入されれば、私たちの生活は根本的に変わってしまいます。赤ん坊からお年寄りまで、全国民が番号によって情報を管理され、番号なしには生きていけない社会が到来すると言って過言ではありません。

自分のコード番号を覚えられない人や、幼児や高齢者はどうするのか。全国民の個人情報をコンピューターで一括管理して、危険はないのか。個人のプライバシーはもとより、日本全体の情報がねらわれることはないのか。まさに、人間の尊厳と基本的人権とプライバシーにかかわる重大な問題であり、国民的な議論と、慎重な上にも慎重な審議が必要な大問題であります。（拍手）

（葉山峻・第１４５回国会　衆議院　本会議　第22号　平成11年4月13日）

このような制度が実現してしまえば「番号なしでは生きられない社会の到来」を意味すると、暗にこれは国民総背番号制ではないかと指摘する。

とは言え、オンライン上のサービスを受ける上で様々な「ＩＤ」が不可欠となったまさに「番号なしで生きられない」現在にあって、「なるほど」と受け止められるのか、何を情弱なことを言っているのかとなるのかわからないが、少なくともこの発言には「場内拍手」とある。

そしてこの葉山の指摘は政府の法案説明で抜け落ちていた住民コードを記載した「ＩＣ仕様のカード」をもって「身分証明証」とする計画だという点に言及している。既に「国民総背番号」の折に「ＩＤカード」は批判を招き易いから極力、その方針は隠しておけという議論があったと指摘されていたが、まさにそのシナリオ通りに進んでいることが指摘される。

葉山の質問はさらに「民間の利用への禁止に歯止めがないこと」、つまり、現在のマイナンバー制度が民間利用を前提としていることを考えた重要な点をついている。

だからこそ葉山は十桁の住民番号を書き込むには大き過ぎる「八千字」の容量がカードにはあると指摘する。それが民間利用や目的外利用を目論む証左だと迫る。言うまでもないことだが現在のマイナンバーカードではまさに民間利用の可能な空きスペースが設けられているのである。

ＩＣ内蔵のそのカードには、八千字を書き込める容量があります。四情報とコード番号以外は書き込まないと自治省は強調し、法案でも一応そうなってはいますが、将来は何を書き加えるのか、どこまで範囲を広げるのか、不明であります。血液型、ＤＮＡを含む病歴、犯罪歴、所得、資産額などなど、カード内の記憶領域は自治体ごとの活用ができるようになっていますが、その点についても、国民総背番号制につながるとの批判を恐れてか、はっきりしないままであります。

（葉山峻・第１４５回国会　衆議院　本会議　第22号　平成11年４月13日）

このように住基ネットの審議では「民間利用」が重要な論点になっていることがわかる。それ故、ＩＣカードに自分の求めない個人情報を搭載することへの拒否権も議論の対象となる。

これに対しては拒否した結果、高度な住民サービスを受けられないことになったとしてもそれは住民の選択とされる。

つまり行政サービスを楯にとった「強制」である。

葉山はこの点も明確に指摘している。

住民基本台帳カードの交付は、任意の本人申請とされていますが、転入転出届の簡素化が、カードを持つ者にだけもたらされる例のように、カードの所持の有無によって、サービスの受け方や内容に差別が生じることが考えられます。さらに、行政側が本人確認のためにカードの提示を求めるようになれば、事実上はカード保有の強制、ひいては、国内版パスポートのように常時携帯の義務までエスカレートしないという保障は何もないのであります。

（葉山峻・第１４５回国会　衆議院　本会議　第22号　平成11年４月13日）

つまり「任意」のはずが、マイナ保険証のように、健康保険証とセットになるという事実上の強制化ではないかと正しく「危惧」しているのだ。このように国会では野党が法律や政策に多くの危惧を語る。しかし、それに対し「批判ばかり」と非難する傾向がある。だが法律が権力によって恣意的に運用されるリスクを正しく「危惧」することがいかに必要かがわかる。

そしてこの後、国会ではＩＣカードをめぐるセキュリティと民間利用が論点となっていく。

## 改憲と結びつく民間利用

民間利用についてこのＩＣカードを明確に位置付けたのは参考人として呼ばれた大山永昭東工大教授で現在も特命教授として同大の任にある。

大山は個人的な見解としつつも、個人番号がもたらす利便性とＩＣカードのセキュリティについて技術論を語る。

注意したいのは「スマートＩＣカード」といういい方で情報の容量のより大きな、多様なアプリケーションを載せるカードが既に構想されていることである。

これに対して住基ネットの人権上の問題を指摘するのは同じく参考人で住基ネットからマイナンバーに至るまで一貫して批判し続けるジャーナリストの斎藤貴男である。

斎藤は大山のスマートＩＣカードは、基本四情報のみならず、カードにアプリケーションを盛り込む際の技術検証に大山や各省庁の代表が参加している事実を指摘、それは国や行政があらゆる個人情報を一元管理するという意味での国民総背番号制が前提ではないかとした上で、新たな危惧を語る。

ＩＣカードを強制的に持たせられませんから、魅力あるカードにするために、例えば商店街のポイントカード、あるいは駐車場のカード、それからキャッシュカード、そういった民間のアプリケーションも盛り込んで、できるだけ持ってもらう、こういうような計画が進んでおります。これがまことに国のプロジェクトの県レベルのミニチュアなのだとすれば、これはまさに国民総背番号にほかならない、やはりこのような結論になるわけです。

（斎藤貴男・第１４５回国会　衆議院　地方行政委員会　第14号　平成11年5月6日）

マイナカードへの「ポイント」カード化など現在の普及策が予見されていると同時に、カードへの民間のアプリの相乗りが計画されていることがこの時点ではっきりと問題化されている。

しかしこの時の参考人質問は、法案の成立ありきであり、国会での参考人質問はほとんど斎藤叩きの場に変わる。

マスコミも既に推進論者である。

マスコミを代表した読売新聞社論説副委員長朝倉敏夫は、読売の憲法改定案がプライバシー権を「人格権」として盛り込んでいると胸を張る。番号制度で常に懸念されてきたプライバシーに我が社は憲法改定案として考えを示しているとマウントをとるのだ。同改定案は「国の安全や公の秩序」のための基本的人権の制限が前提であり、それらの名目があれば担保されないものだ。

だがここで読売が個人番号制度を改憲案と結びつけたことは重要だ。これは単なるマウントではない。国民総背番号制からマイナンバーに至る流れと憲法改定は確実につながっている問題だということが読売新聞社のスタンドプレーで顕わになったといえる光景だ。事実、最後の章で触れるが、マイナンバーの先にある「スーパーシティ」構想は基本的人権の制限など自民党改憲案との整合性が高いのだ。

話を戻すと、この読売の論説副委員長は自社の改憲案が「プライバシー権」を規定していることを根拠に住基ネットに対し「反対の理由が何かあるのか」「感情的にならず冷静な議論をしていただきたい」と、人権を前提とした議論にマウントをとる。

時間が参りましたが、この問題をめぐる問題点がいろいろある中で、反対の理由は何があるのか、一つ一つの問題がきちっと区別されているのかというところがしばしば疑問になるのでありますが、確かに背番号がついていると思えばいい気持ちのするものではありませんが、早い話が、私が住んでいる市役所は私のプライバシーを丸裸にして持っておるわけでございまして、感情的にならず冷静な議論をしていただきたいと申し上げて、私の意見を終わります。（拍手）

（朝倉敏夫・第145回国会　衆議院　地方行政委員会　第14号　平成11年5月6日）

読売の論説副委員長氏のドヤ顔が浮かぶようでもあり、同新聞の改憲案がいかに人権を軽んじているかも窺える。

こういった、橋本政権時代に社民党議員が作った、国民的環境はととのっているという言説はこの時の参考人質問でも一貫した基調となっていることがわかる。斎藤が一人抵抗するが「国民のコンセンサスは得られつつある」という流れが社民党という野党によってつくられ、そこに、読売が「公器」としてプライバシーを危惧する反対論にマウントをとり、この流れは既成事実になっているとうそぶく。こういう「空気」が国会で演出され、法案成立が国民の世論に則ったものだと合理化されるのである。

参考人としては、兵庫県津名郡五色町町長砂尾治が登場する。自治体という、制度を運用する側の意見も聞くという「演出」である。

同町はＩＣカードを用いた個人情報の集約の実証実験をした自治体のひとつである。保健医療、福祉情報を記載し診療時に有効活用をする「マイナ保険証」の実証実験を行なっていた。マイナ保険証は河野太郎が思いつきで言ったことではない。マイナンバー制度で彼がドヤ顔でいうことは大抵が五十年に及ぶ議論のかなり早期に役人たちの側で用意されていたアイデアなのである。

以前は、実証実験については政府側はその存在について口を濁す場面が多かったが、「環境が整った」今は自治体の証言は国民の合意ができあがった証しとなる。

## アイデンティティを認証するのは誰か

同じく自治体からは建設官僚から転じた岐阜県知事梶原拓がIDカードの基本となる「本人認証」についてこう述べる。

> 本人の認証がかぎでございますが、これは行政側の都合で本人認証をするということではなくて、個人個人が認証してもらいたい、本人として認証してもらいたい、そのニーズにこたえるというスタンスでなきゃいけない、かように思います。
>
> （梶原拓・第145回国会　衆議院　地方行政委員会　第14号　平成11年5月6日）

これはとんでもない言い方だ。言葉のあやかもしれないが国民総背番号制が応えるのは「本人として認証してもらいたい、そのニーズ」とはよくいったものだ。あたかも番号付けによる管理を国民が国や自治体に望んでいるような言種である。このような、上（官）からの強制でなく下（民）からの欲望がわき起こるように仕向けるという動員論は「上意下達」でなく「下意上達」といって翼賛体制のノウハウである。同じことをこの官僚上がりの知事は語っている。ここにきて個人番号とは国民への公権力のお墨付きにというかアイデンティティの付与に変わるのである。

この時、ふと思い出すのがぼくの原作漫画『多重人格探偵サイコ』（田島昭宇・作画、ＫＡＤＯＫＡＷＡ、一九九七年〜）である。この漫画はバーコードの個人番号をもつシリアルキラーが登場するが（図4）、当然、犯罪者とはいえ人が製造番号で管理される社会への幾許かの危惧としてあった設定だ。しかしある時からファンの一部から肯定的に、つまり、まんがのように誰かにバーコードで自分のアイデンティティを保証してほしい、という声が出てきた。

それにうんざりしたぼくの分身の笹山徹という作中人物は小説版の中でこう述べていた。

> バーコードさえあれば世界のどこにいてもぼくがぼくであることを確認できる、なんてバーコード犯罪者へのリスペクトさえ語りやがる。（中略）でもそれって世界の果てでも管理されるってことじゃねーかと思うが近頃の若い奴らはアイデンティティと誰かが管理してくれるって同じ意味で使ってるんだよな。その意味じゃ国民総背番号なんて喜んじゃうだろ、おまえら。シルバーのブレスレッドか何かにうきうきと刻んだりするんだろ。
>
> （大塚英志『多重人格探偵サイコ　試作品神話』星海社、二〇二三年、七四頁）

僕が小説でこう書くのはこの国会論議の少し後だが、アイデンティティを公権力に番号で保証してほしいというメンタリティーは実は公権力の方が言い出したロジックだったのかと驚きもする。

だから、総背番号推進にもはや与党自民党は迷う必要もないのだ。自民党・中野正志は「さすが知事さんでござ」います、と持ち上げ、斉藤の総背番号制批判などは的外れで、住基ネットは制度設計もしっかりしているとした上でこう語る。

先ほどの砂尾参考人の話のように、これからは、市町村での創意工夫により、幅広いサービスを展開していく上で知恵の出しどころでもあるのだと。市町村は言ってみればカードの中身をいろいろ工夫する、あとどんな形であるか住民が選べばいいんだ、選択すればいいのだ、そういうことだろうと思うんでありまして、私は、どうも斎藤さんの論理は余りにも飛躍し過ぎではないかな、失礼な言い方をすれば被害妄想なのではないかな。

（中野正志・第１４５回国会　衆議院　地方行政委員会　第14号　平成11年5月6日）

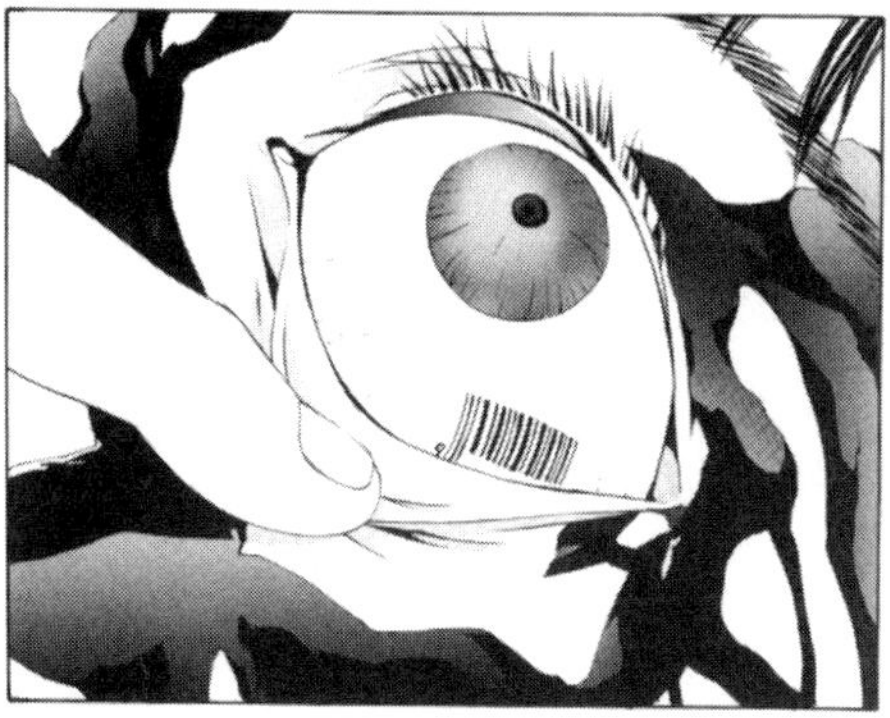

図４　シリアルナンバーで管理される殺人鬼
大塚英志・田島昭宇『多重人格探偵サイコ』1
（角川書店、1997 年）

参考人に呼んでおいて被害妄想というのはあまりに失礼だ。ここでも番号制度は住民の選択の問題なんだと、「公」による管理が住民のニーズ、選択に置き換えられる論議がなされる。やはり、「下意上達」を装うロジックである。

かくして法案は国会が捏造したに等しい「民意」を一方的に踏まえるかのように成立した。

しかしこの時はかろうじて民主主義は機能した。「住民の選択」をうたったが故に住基ネットは稼働直前の二〇〇二年七月二十二日に福島県矢祭町、東京都国分寺市、同杉並区、中野区などが離脱、横浜市は国会答弁を皮肉るかのように市民による選択制として運用することを表明した。つまり「地方自治」が最小限機能したのである。今回、マイナンバーの発行が市区町村に委ねられているにも関わらず拒否する自治体がなかったことはこの国の地方自治のあり方の変容ともとれるかもしれない。

## C　マイナンバーカード

住基カードの発行は二〇一五年十二月二十二日に更新手続きが終了した。稼働した十三年間で発行されたカードは九二〇万枚、しかし紛失等を除く有効発行枚数は七一〇万枚、普及率にして五・五％でしかなかったとされる。

結局、「カード」は住民に選ばれなかった。

ここまでの流れでわかるように統一の個人番号は情報化社会に備えた行政サービスの効率化が方便だったが、その本当の目的は黎明期の情報産業を北米型に合わせるという「外圧」とともに、個人情報の民間利用を将来に担保するものという産業界の意向が推進の理由だった。行政の効率化については、特に年金番号の統一が叫ばれながら国民総背番号制が頓挫すると納税者番号制度に議論がシフトしたように都合に応じて猫の目のように変わる。一方では税収の徹底のツールとしては一貫して必要とされていた印象だがそれはもっぱら官僚側の思惑だろう。官僚たちにとって徴税とは彼らの財布に入る金を集める仕組みでしかない。

これらの思惑の「野合」として国民総背番号制は着地点を探っていた。

そして強引に国民的コンセンサスをでっち上げたが、住基カードは頓挫した。しかし、住基カードは頓挫したが、この時点で国民一人一人に番号が付されてしまっていたのである。

それを何故、マイナンバー制度として蒸し返す必要があったのかといえば、この制度が単に国民全員にナンバーを振り行政を効率化することが目的でなく、ＩＣカードを持たせることにこそあるからだ。

だから新しい「皆カード制度」が必要だった。

総背番号制や住基ネットの議論の中で当初引き合いに出された国民年金、厚生年金などの統一コード問題は、一九九七年、基礎年金番号の導入で「名寄せ」が開始され結果、統合されていないいわゆる「消えた年金」問題が発覚、二〇〇九年の民主党への政権交代のトリガーとなる。

民主党は野党時代は「住基ネット」に反対した一方、消えた年金問題は民主党と関わりの深い自治労下の社会保険庁職員の労組がオンライン化に抵抗したことも要因の一つだと自民党側からの指摘もあった。それ故、「個人番号」問題は社会保険庁の解体と国税庁との統合による歳入庁の設置や、社会保障制度の立て直しとも否応なく一体化する。

それが「社会保障と税の一体化」というロジックである。

つまり、官僚の進める徴税の徹底と「消えた年金」を含め社会保障を政策の軸に構えなくてはならない左派政権の政策的野合が「マイナンバー」の「賛成」に転じさせる理由になったのだといえる。

この節では民主党政権下マイナンバー制度を民主党がどう受け入れていったかを軸に見ていきたい。

### 自民党の置き土産

まず、民主党政権誕生の直前、与党である自民党の側から住基ネットを踏まえた「社会保障カード」の設計が提示されていた。つまり民主党の「マイナンバー」政策は自民党の敷いたレールの上を走ったといえる。

自民党の礒崎陽輔（参議院議員）は年金、健康保険、保険証を統合したカードでそれが「消えた年金」の解決策のように語っている。

年金の問題、それから、次に健康保険の問題、保険証の問題、これも含めて、私は社会保障カードというものので社会保障についても一元的に管理ができる方法を考える。しかも、既存の住民基本台帳カードとあるいは住基ネットという既存の資源を使える、住基台帳を使うということを早く政府として方針決定して進めるべきだと思います。

（礒崎陽輔・第171回国会　参議院　総務委員会　第23号　平成21年6月30日）

まるで住基ネットを転用した「社会保障カード」が年金問題解決の肝だといわんばかりである。

しかし礒崎は同時に「納税者番号」の必要性も説き、それが「社会保障カード」と既存の「住基ネットカード」との「一体化」を目指して政府が動いているとする。

この時の首相はまだ自民党政権なので麻生太郎である。しかし、この時点で「税と社会保障を住基ネットの番号によって紐付ける」という民主党政権下で推進されるマイナンバーの議論の枠組が自民党政権によって示されていることに注意が必要だ。

またこのカードについて「写真入り」というスキームが初めて示された。まだ顔認証までは議論となっていないが、当然、視座には入っていただろう。

このように「マイナンバーカード」のフォーマットは自民党が民主党政権に残した置き土産であった。

さて、民主党政権が誕生、民主党議員、すなわち身内の質問に鳩山内閣の菅直人財務大臣はこう答えることで番号制度への「与党」としての方針が示される。

昨年の税調の大綱の中でもこの納税者番号の問題、つまり社会保障と税の共通番号の問題を取り組むとされ、また国家戦略室の方でもそういう方針が出ております。現在、総理とも御相談をしながら、税調という枠組みを超えて、社会保障にも資するような形の番号の可能性もありますので、この問題が取り組む体制づくりを進めているところで、近く何らかの形の検討の会が生まれるものと思っております。

（第174回国会　参議院　予算委員会　第1号　平成22年1月26日）

民主党は徴税と社会保険の徴収を一体化させた「歳入庁」の設置をマニフェストに掲げたが、それが政権発足早々に税調や自民党政権が敷いた「税と社会保障の一体化」というレールの上で「社会保障と税の共通番号の問題」にシフトしてしまう。結果、マニフェストの目玉の一つだった歳入庁の設置は後退していく。

そしてこれ以降、質問する側も応える側も「社会保障・税共通の番号制度」のあわせての推進が自明のこととなっている。消えた年金問題での政権交代、年金問題の元になった社会保険庁の解体を国税庁との統合の理由とする「社会保障と税」の一体化というロジック、社会保障へのリベラルな政策、それらが、政権交代するや「社会保障と税の共通番号の問題」と番号制度の再構築にいとも簡単にすり替わった感がある。

この「納税者番号」については野党となった自民党が政権交代前に敷いた道筋であったことは既に見た。しかし、政権交代で攻守が反転する。

その中で民主党にはげしく迫るのが自民党の平井たくや（卓也）、つまり、後にデジタル庁立ち上げの中心となる人物である。

## 自民党によるマイナンバー批判

平井は民主党が番号制度に賛成するのはすごいことなのだ、と皮肉たっぷりな「評価」をした上で、しかし、あなたがたは自らが賛成に転じた番号制度とは何かを本当にわかっているのかと、完全に上から目線である。そして平井は、二〇一一年六月に民主党政権が示した「社会保障・税番号大綱――主権者たる国民の視点に立った番号制度の構築——」を前に迫る。
その「大綱」には「理念」としてこうあるのだ。

我が国では、未だ番号制度がない中で、なぜ今回導入するのか。それは、国民の権利を守ること、すなわち社会保障給付を適切に受ける権利、さらには種々の行政サービスの提供を適切に受ける権利を守ることにある。

従来、番号制度は、ともすれば高額所得者に対する所得の捕捉といった観点から議論されることが多かったが、今回導入する番号制度は、主として給付のための「番号」として制度設計することとされている。そのため、低所得で資産も乏しい等、真に手を差し伸べるべき者に対して、給付を充実させるなど、社会保障をよりきめ細やかに、かつ、的確に行うことが重要であり、そのためにも受益・負担の公平性・透明性を高めようとするものである。

つまり、番号制度は、まずは、公平性・透明性を担保し、もって本当に困っている国民を支えていくための社会インフラであり、国民にとって、そのようなメリットが感じられるものとして設計されなければならない。

（「社会保障・税番号大綱」政府・与党社会保障改革検討本部・2011／6／30）

つまり民主党が目指すのは「主権者たる国民のため」をうたい、社会保障給付や行政サービスを受ける権利を担保するカードであるというわけだ。だから「高額所得者に対する所得の捕捉といった観点」の従来の制度設計とは根本的に異なる、とする。それに対し「給付付き税額控除」つまり低所得者への給付がある「負の所得税」の実施が目的であるとする。そのためには財源として広く「徴税」と対になっている点がここでは語られない。ここで多くの人々が既にお気づきと思うが、その先に消費増税が待っていたわけだ。

一方で災害時の本人確認や医療、介護情報、支援金支給などがこの番号制度に活用される、ともある。東日本大震災の前だが、「災害」がここでも方便となっている。

しかし、マイナンバーカードが相応に普及している現在、例えば二〇二四年一月一日に起きた能登半島地震で少しでも機能しているのかは冷静に見ておく必要がある。何故なら同じ「非常時」への対応でも自民党時代は「紙」の住民情報の喪失への備えであり、民主党政権では災害下の支援と自身の政策に引き寄せて都合よく語っていた印象が強く、所詮は「災害」時の有効性は番号制度推進のその時々での方便なのである。

さて平井に戻る。

平井はこの「綱領」へのパブリックコメントが三〇件ほどしか来ていないと「冷笑」し、野党という自由さからこう放言する。

本当に懲りないなと思うのは、住基コードと住基カードを見てください。あれだけお金を使ってさんざんやって、四％しか普及していないんですよ、カード。同じ年にスタートしたＴＳＵＴＡＹＡのカード、Ｔポイントカードは三千五百万枚出ているわけですよ。いかに魅力がないかじゃないですか。違いますか。本当に私はそう思うんですよ。また同じことをやろうとしているんですよ。そうでしょう。要するに、新たな番号を振って、新たなカード。カード屋を助ける事業としか見えないじゃないですか、これでは。

（平井たくや・第１７７回国会　衆議院　内閣委員会　第16号　平成23年8月3日）

住基カードの失敗にこりていないのか（失敗したのは自民党政権だが）といいつつ、勢いで三五〇〇万枚発行されたTSUTAYAカードの「魅力」を逆説的に口走るところが興味深い。これはマイナカードをもっぱら「ポイントが付く」というTSUTAYAカード的属性で普及させたことを考えると、ある種の「予言」とはなっている。

しかしさすがに平井は冷笑やマウントだけではない。

民主党が「税と社会保障」の一体的改革と番号制度を不可分のものとして本気で推進するならいかに「番号を振る」かを真面目に考えるべきだということ（この時点では民主党政権によって番号の「希望制」も検討されていたがそれを実施すれば混乱を招く可能性が高い）、そして、大綱の「民間利用」の範囲の曖昧さの二点を指摘する。

「大綱」では、民間参入の部分では、制度設計や運用を民間と協働で行ない、「国民ID制度」（と「番号制度」はこの時点でよりあからさまに呼ばれている）の民間サービスへの活用が推進されている。そして、この「国民ID制度」が民間事業者の本人確認のコスト、時間・労力の削減になるとまで記し、行政が税によって民間のコスパ化のインフラをつくる制度にさえなっていることがわかる。

このように民主党政権下で番号制は、「国民ID制度」と定義され、また、民間へのウィングが大きく開かれたのである。

そしてこの「国民ID制度」は公募によって「マイナンバー」と名付けられる。

ケチをつけるわけではないが「公募」とは翼賛体制下に乱発された国民の国策参加の仕組みである。いうまでもなく「民意」は制度の名前でなく制度そのものに反映されなくてはならない。

そしてこの制度は改めて「社会保障・税に関わる番号制度は、複数の機関に存在する個人の情報が同一人の情報であるということの確認を行うための基盤」（与謝野馨・第177回国会　衆議院　決算行政監視委員会　第6

号　平成23年8月10日）と定義されるが、その「複数の機関」に「民間」も含まれるのである。

ちなみにこの「民間」をＧＡＦＡに解放するのが次節で扱う第二次安倍政権である。

さて「マイナンバー」と名称の定まって以降の、国会での論議を見ていきたい。

第１７７回国会（二〇一一年八月十一日）で質問に立ったのが電子マネーで特許を持つ民主党の藤田寅彦だが、彼はその質問を「社会保障と税の一体改革の関連質疑をしたい」と切り出す。それはつまりマイナンバー制度に関する質問である。

以降、マイナンバーに関する議論はこの「社会保障と税の一体改革」の名の下で行なわれていく。その結果、民主党政権は税の徴収体制の徹底という課題も背負うことになる。その中で「歳入庁」構想は頓挫していく。「社会保障と税の一体改革」はもともとは「給付付き税額控除」という弱者への給付制度と「消えた年金問題」の温床でもあった社会保険庁の再構築のための「歳入庁」設置を意味していた。しかし「マイナンバー」推進と「消費増税」に意味がすり替わってしまう。

民主党は税の捕捉を徹底するという方便でマイナンバー制度を「飲み」、低所得者への給付を行なう「給付付き税額控除」を主張するが、これは野党となった自民党から徹底した批判を浴びる。

平井とともに民主党「マイナンバー」構想、つまり「給付付き税額控除」への批判の先頭に立ったのが河野太郎である。現在のマイナンバーの推進役の河野は民主党政権下では批判者であった。この時はマイナンバー制度の「穴」をつくことに熱心だった彼が、今回その「穴」を隠したり、スルーするための強弁をする側に回るのも歴史の皮肉である。

河野の批判は「マイナンバー」では給与などの所得を補足するのみで、利子所得や不動産所得の把握ができず、見せかけ上の低所得者が給付対象となるというものだ。つまり税の補足手段としては「マイナンバー」は十分に機能しないというのだ。所得の補足手段としてマイナンバーを否定するというのは、与党時代、納税者番号制度やグリーンカード制度をとなえていた自民党の政策としては一貫性に欠くが、行政の効率化、徴税、社会保障と「番号制度」の目的は時々の政権が世論懐柔のため持ち出したものにすぎないことは見てきた通りだ。

だがこの時、河野が主張する所得の捕捉策は銀行口座にマイナンバーを付すことであることには注意が必要だろう。

（銀行）口座に番号さえ振れば、それは源泉分離を申告分離にする、あるいは極端なことを言えば、源泉分離のままでも、口座に番号が振ってあれば利子所得は把握することができるんです。

（河野太郎・第１８０回国会　衆議院　予算委員会　第9号　平成24年2月15日）

全ての預金通帳にマイナンバーを紐付ければ金銭の移動は把握できるという主張であり、二〇二四年現在、デジタル担当大臣としてマイナンバーの推進の中心にいる彼がそのような考えを果たして維持しているのかいないのかは気になる。

与党追求の中心となるのはやはり平井たくやである。

民主党の閣僚の大半が住基カードを持っていないと嫌味な確認した上でかなり本質的な質問をする。

住民基本台帳法は反対していたけれども、今回つくっている共通番号は住基コードから生成するんですよね。そうなんですよ。

だから、要するに、基本的に、過去の反対していたという考え方を改めたというふうに私は総務大臣からは委員会でいただいたんですが、そういうことですよね。この番号は住基カードと違うから、いや、我々はずっと賛成だというんじゃなくて、これは住基カードから生成するんですよ、住基コードから。

（平井たくや・第１８０回国会　衆議院　予算委員会　第10号　平成24年2月16日）

これは住基ネットに反対しておいてマイナンバー推進かよという嫌味とは別に、「住基カード」のシステムから「マイナンバー」が生成する、つまり「マイナンバー」は住基ネットの番号の振り直し、流用だという見逃されがちな点を指摘していて見逃せない。マイナンバー制度のシステム上のベースは住基ネットのシステムにあり、その運用機関もまた住基ネット時代のお色直しであることは「序」でも述べた通りだ。だから、インフラ的には同じでありながら「住基ネット」は廃止し、「マイナンバー」を何故、立ち上げたのかと疑問に思う必要がある。

その答えは、平井が先に図らずも述べた、ＴＳＵＴＡＹＡカードに遠く及ばない普及率にある。国民番号制度とは「皆ＩＣカード制度」として輪郭を整えていることは前節までに見た通りだ。

国民みんなが「国民ＩＤ」カードを持つことこそが政策の目的なのである。

## 改憲論にリンクするマイナンバー問題

その上で、平井の一連の批判の中で注意しなくてはいけないのは「マイナンバー」と憲法の整合性を問題にしている点だ。今度は新聞社のスタンドプレーではなく与党から「マイナンバー」制度が改憲論と正面から国会の場で結びつけられたのである。

平井の質問は住基カードの前提となる住民基本台帳法は、憲法十三条違反とする裁判が多発していることを踏まえている。

ちなみに憲法十三条とは以下の通りである。個人の尊重、幸福追求権と公共の福祉の関わりについての条項である。

すべて国民は、個人として尊重される。生命、自由及び幸福追求に対する国民の権利については、公共の福祉に反しない限り、立法その他の国政の上で、最大の尊重を必要とする。

個人番号制度がプライバシーや人権の侵害であるというのはこの憲法が国に求めた「個人の尊重」条項に抵触するという「憲法」の問題としてある。平井はプライバシーや人権への配慮が結果としてシステムを複雑化しており、そもそも憲法問題をシステムやプログラミングで整合性を見出そうというのは筋違いだという。

そしてこう主張する。

住民基本台帳法、現行の台帳法だと、やはり憲法の問題等々にはかかわってくる可能性があります。しかし、ここを真っ正面からやらずに、システムで、数字を符号にかえたからといって、そこのところがクリアできるというのでは、これはやはり余りにも不作為と言われても仕方がないところで、大変難しいハードルではありますが、システムを複雑にすることによって憲法論議を避けるというようなことは政治はやるべきじゃないんですよ、絶対に。

（平井たくや・第１８０回国会　衆議院　予算委員会　第10号　平成24年2月16日）

憲法と法案や政策の整合性を徹底すべきだという主張は極めてまっとうな筋論に聞こえる。なるほど「マイナンバー」制度にまとわりつくプライバシーや人権の問題は憲法問題である。これは余りに重要すぎる論点だ。しかし平井が言う憲法論議は「改憲論」なのである。事実、自民党が押し進めてきた番号制度と憲法十三条には齟齬があり、多くの訴訟を生んできた。しかしその齟齬を「法改正」でなく「憲法改定」で埋めようというのが平井の主張だ。つまり「マイナンバー」制度実現のため憲法そのものを変えてしまえ、という主張なのだ。

実際、自民党の憲法改定案ではまさに十三条が「改憲」の俎上に上がっている。その改憲案は以下の通りだ。

第十三条　全て国民は、人として尊重される。生命、自由及び幸福追求に対する国民の権利については、公益及び公の秩序に反しない限り、立法その他の国政の上で、最大限に尊重されなければならない。

「個人」という現在の保守が忌み嫌う語から「個」がとれて「人」となり「公共の福祉」が「公益及び公の秩序」に書き換えられる。些細なことに思えるが「個人」という人権やプライバシーによって担保される人間存在のあり方がまず否定される。それは個人と個人の権利の調整を意味する「公共の福祉」が成立不可能になることと同義である。だから個人の権利を制限するのは「公共の福祉」ではなく「公」「公益」という「国家」の利益がとってかわる。マイナンバー制度では個人情報の民間利用が前提となっている以上、「公」「公益」には企業の権益も包摂されてしまいかねない。

このように平井は「マイナンバー制度」推進のために改憲が必要だと言っているのである。

マイナンバー問題は改憲論にリンクしていることが改めてわかる。

マイナンバーとは国家が人間をどう定義するか、そしてどういう社会を設計するかという問題系である以上、当然だが憲法問題となる。だからマイナンバーに反対する根拠は憲法であり、だとすれば自民党の改憲案に反対することとマイナンバー制度に反対することは一体なのである。

さすがに民主党政権は民主党を「改憲」の議論にひきづり込もうとする平井の誘導に乗らなかったが、かといって、憲法とマイナンバーの問題を真摯に議論した形跡はない。

## 深まらない議論

そして、議論が進む中で、野田政権においては「社会保障・税の一体改革」とマイナンバー制度は実質的に切り離されつつあるという印象だ。「マイナンバー」は単独で推進される政策となってしまう。

公明党の竹内譲はこう問う。

野田政権は、そもそも、社会保障・税一体改革について、あれほど事前に与野党協議を求めるとしておきながら、事一体改革の重要なインフラである番号制度については、早々に国会に提出いたしました。このことに私は強い違和感を覚えます。

なぜこれほど提出を急ぐのか。慎重に国民的な合意を得ることを優先すべきではないかと思いますが、総理の答弁を求めます。

（竹内譲・第180回国会　衆議院　本会議　第5号　平成24年2月21日）

実際、野田内閣は二〇一一年九月、発足後の初閣議で内閣の基本方針を決定するが、その中に「一、必要な社会保障の機能強化を確実に実施し、同時に社会保障全体の持続可能性の確保を図るため、社会保障・税一体改革成案を早急に具体化する。」とはあるがマイナンバーなり番号制度への言及はこの項目でもそれ以外の項目でもない。野田政権では「マイナンバー隠し」が行なわれているかの印象さえある。住基ネットに反対しながら同制度のお色直しであるマイナンバー制度を推進する矛盾のためなのか、風前の灯だった「給付付き税額控除」を検討するためにはマイナンバー制度実現が官僚側の示した条件だったのか、いずれにせよ、きな臭い印象しか残らない。

そして、翌二〇一二年には「社会保障・税一体化改革素案」が決定、そこにはインフラとして「社会保障番号・税番号制度の早期導入」への言及はあるが、同時にこう記されている。

同時に、今回の改革で盛り込まれている社会保障の充実策は、年金国庫負担2分の1の恒久化を含め、消費税率の引上げによる安定財源の確保が前提であり、社会保障の機能強化や安定化を図るためにも、それに見合う安定財源を着実に確保していく必要がある。

（社会保障・税一体改革素案・平成24年1月6日政府・与党社会保障改革本部決定）

こうして社会保障の安定的財源として「消費税値上げ」がうたわれるのだ。「給付金付き控除」と歳入庁の設置による社会保険庁解体という民主党の目玉政策だった「社会保障・税一体改革」は「マイナンバー導入と消費増税」にすり替わる。表紙が同じで中身が全く入れ替わるという詐欺のような結末である。

実りある議論もなく「社会保障と税の一体改革」からも切り離され、民主党が野党から与党に転じたことで「反対」の立ち位置も保てず、二〇一二年二月十四日マイナンバー関連三法案を閣議決定する。

ここに至って、国会ではマイナンバーは消費税の逆進性を解消できないではないかという福島みずほのひどくまっとうな質問がある一方、自民の礒崎陽輔はマイナカードが「任意」なのにそれで国民全体の所得の把握ができるのかとも迫る。与党は消費税導入の際「給付付き税額控除」を行なうと主張していたが任意制のカードで公正な所得把握はできない、という改めての指摘である。

つまりマイナンバー制度は与野党どちらから見ても「社会保障と税の一体改革」に益しない政策となっている。そして議論の終盤には民主党の側から「医療分野におけるデータベース化」、つまりマイナンバーカードと個人の医療情報を搭載するマイナ保険証のメリットとして語られる提案がなされもするが最後は平井たくやの捨てゼリフのような発言で終わる。

時間がないので、私が全部総括しますと、反対だ、反対だと当時みんな言っていたんですよね。結局、今回は、そのとき反対した番号をもとに新しい番号をつくるということになってしまって、反対だと言っていたことは、あれは間違いだったと皆さん認めているんです。ですから、そういう流れで今後御答弁なさった方がすっきりしますので、よろしくお願いしたいと思います。

（平井たくや・第181回国会　衆議院　総務委員会　第2号　平成24年11月8日）

しかし野田内閣にとってはこの時すでに「消費増税」が最大の目標となり、十一月十六日、衆議院解散でマイナンバー法案は一旦、廃案、そして下野した民主党に変わって第二次安倍政権の手で法案は可決される。この時賛成したのは自民・公明の与党に加え、民主、日本維新の会、みんなの党、反対は日本共産党、生活の党、社民党だが、生活の党は小沢一郎グループのミニ政党、社民党も既に福島みずほの個人政党に近いものになっていた。

民主党が「賛成」に回ったのは政権を獲得した二〇〇九年の総選挙でマニフェストに「所得の把握を確実に行うために、税と社会保障制度共通の番号制度を導入する」とあったからだが、かつての目玉政策「税と社会保障の一体的改革」は、消費税導入のロジックに転用され、導入の意味を失ったまま、マイナンバーは制度化される。

## c　マイナンバーカード

そしてマイナンバーの本当の意味が浮上するのは安倍政権下での日米デジタル交渉であった。

## d　日米デジタル貿易協定

一九七〇年前後に始まった国民総背番号からマイナンバーに至るまでの五十年の歴史の最後の項目にあえて位置付けたいのが安倍政権下、二〇一九年九月二十六日に「合意」し、二〇二〇年一月に発効した「日米デジタル貿易協定」（デジタル貿易に関する日本国とアメリカ合衆国との間の協定）である。と言っても、恐らくその名に聞き覚えがある人は少ないだろう。

そこに至る経緯を少し振り返ってみる。

安倍政権が熱心に進めたTPPからトランプ大統領が公約通り離脱したのが二〇一七年一月だった。TPPへのアメリカの復帰という日本側の提案はスルーされ、アメリカは二国間交渉によるFTA（自由貿易協定）の締結を望んだ。FTAは、文字通り自由貿易を理念とし、関税などの貿易障壁を最大限ミニマムとすることで貿易や投資を推進するものだ。徹底した自由競争の担保を目指す点でトランプ的、アメリカ的な新自由主義的世界線にある考え方だといっていい。

それが多数の地域からなるTPPのような、トータルとしては互恵的な協定と違い、二国間での「アメリカの自由貿易」（「日本の自由貿易」ではない）を安倍政権が演出したトランプ政権との親密さをタテに押し切られたのがTAG（物品貿易協定）なる協定だ。

安倍首相はアメリカのTPP復帰を断念、二国間のFTAは行なわないとする自身の前言を撤回、二〇一八年九月二十六日の日米首脳会談において農作物や工業製品などの関税交渉開始を決定した。その合意を安倍政権は国内向けには、あくまで物品だけの交渉でTAG（物品貿易協定）だと説明した。つまり「包摂的」でなく特定の物品に限った交渉ととりつくろいたかったが、アメリカ国内ではTPPの扱うのと同じ分野に及ぶと説明されていた。

そもそもＴＡＧなどという協定名は日米間のＦＴＡはやらないといっていたことのつじつまを合わせるために、日米首相の声明文にあった以下の一節の恣意的な「誤訳」とされる。

Japan and the United States will enter into negotiations, following the completion of necessary domestic procedures, for a Japan-United States Trade Agreement on goods, as well as on other key areas including services, that can produce early achievements.

アメリカ大統領のＨＰで「早期に成果が生じる可能性のある物品、またサービスを含むその他重要分野における日米貿易協定の交渉」とあるこの英文の一部「Trade Agreement on goods,」を切りとって頭文字から「ＴＡＧ」としたのである。文書の捏造や隠蔽を得意とした安倍政権らしい詐術である。

そしてこのＴＡＧ交渉では、トランプからＴＰＰの範囲を超える農産物の市場開放が聞き入れられなければ日本からの自動車に追加関税を課すと恫喝されていた。アメリカに一方的に有利な「自由貿易」を求められたわけだ。結果は「ウィンウィン」と日本政府はＰＲしたが、乗用車・自動車部品のアメリカ向け関税の「撤廃」を「引き続き協議する」（つまり当面は変わらない）一方で、アメリカからの牛肉や乳製品などの輸入の関税は確実に引き下げられるという、不平等（今は「非対称」というらしいが）条約であった。

そのＴＡＧをめぐる喧騒に隠れて同時進行したのが日米デジタル貿易協定である。

これについては大きな報道はほとんどなかったため存在さえ知らない人が大半だろう。

しかしマイナンバーの歴史においては重要な終着点だ。既に記したようにそもそも国民総背番号制の出発点は、一九六七年、日本の主要企業に「官」とマスコミが加わったＭＩＳ使節団が北米の「見えざる革命」つまり高度情報化に備え産業構造やインフラ、社会制度をそれに適応させよ、という「外圧」を自ら進んで「提言」として持ち帰った結果である。その北米に合わせた情報化の一番根底にあったインフラが個人番号であった。

その点で、日米デジタル貿易協定は半世紀を経てのＭＩＳ使節団提言の「外圧」の着地点なのである。

## どさくさに紛れて結ばれた不平等条約

デジタル貿易とは、インターネットを介して国境を越える情報やサービスの取り引きである。ネットショッピングや映像・音楽コンテンツ、ＳＮＳの広告といったものだけでなくネット決済など電子商取引に伴う個人情報の移動、そしてオンライン上のコンテンツなど幅広い。

トランプ政権との日米貿易交渉でも、このデジタル領域の通商交渉は最優先の課題とされた。ＧＡＦＡを率いるアメリカとしては当然だ。ＴＰＰやカナダ・メキシコとのＮＡＦＴＡにおいてもＧＡＦＡの意向を強く反映する交渉を行なってきた流れがある。だからトランプの求めた日米二国間交渉でも当然、デジタル領域は含まれていた。しかし、この交渉はＦＴＡではない、という方便のため「モノ」に限定したＴＡＧなる細工をした結果、デジタル領域が単独の協定となったのである。結果、その協定はＴＰＰよりもアメリカにより有利なものとなった。

そもそも、当然だが各国、地域のデジタル貿易に関する利害や理念は一致しない。

ＧＡＦＡの意向を反映して巨大なプラットフォームに徹底して有利なルールを求めるアメリカに対して、ＥＵはデジタル化された個人情報は重要な基本的人権の属性と考えてこれを守るルール化をＧＡＦＡにも求める。中国は十四億の人口を背景に国内のプラットフォーマーや情報インフラを整備し、閉じた情報商圏を育成するとともにプラットフォームとしての国家が国民をオンラインを介して管理するスマート国家とでもいうべき形に進化している（実はそれが本書が問題とするスマートシティ、スーパーシティの先にある日本もまた目指している国家像なのだが）。そしてインドを中心とする第三世界は自国の情報産業を守りつつ大国の動向に目を光らせている。

そして、いうまでもなくデジタル上の情報はプライバシーだけでなく表現や言論、思想信条、結社などの「自由」に深く関わる問題である。それは中国に限ったモノではなく、GAFAの手によってもSNS上のヘイトや性表現・暴力表現への実質的な検閲や規制が行なわれる一方で、それがイデオロギーや政治的立場に左右されていないかという実感を旧ツイッターなどのアカウント停止やシャドバンなどで感じた人も少なくないだろう。

当り前だが、このようにオンライン上は新しい公共圏である。

だからこそ多国間のルール作りがこれらの問題を含めて必要である。

しかし、この領域の貿易ルールは、WHOでも正式にはルール化されていない。ようやく、一部の有志国によって議論されている状態だった。

それに対して日本はどのような立場で参画すべきか。それは実は、デジタル領域を含んでいたTPPにおいてまずなされなくてはいけなかった議論だ。それを怠った上に、TAGという自らの詐術で日米二国間で結ばれた協定はお世辞にも新しいデジタル上の公共ルールを構築するものではなかった。

単にアメリカのデジタル権益に日本のデジタル環境を差し出すものでしかなかった。TAGにおいては米や牛肉や自動車といった「国益」（ということばはぼくは好まないが）を叫ぶ声はあったが、オンライン上の「国益」はさて誰が口にしたか。

かくして、日米デジタル貿易協定は何の反対意見も、そして、日米間の軋轢もないままにTAGのどさくさに紛れて結ばれた。

## 非対称な免責事項

さて日米デジタル貿易協定に際して軋轢や日本側の反対がなかったのは既にTPPに折り込みずみのものであったからだと言われる。

アメリカは「日米貿易協定の目的」としてデジタル分野で以下の五つの目標を設定していたとされる。

①デジタル・プロダクトに関する関税の不賦課
②電子的に送信されたデジタルプロダクトの無差別待遇
③国境を越えるデータ・フローの制限やコンピュータ関連施設備の現地化要求の禁止
④ソースコードまたはアルゴリズムの開示要求の禁止
⑤第三者のコンテンツについてのオンラインプラットフォームの知的財産関連を除く民事責任の制限

（アジア太平洋資料センター「日米デジタル貿易協定―TPPを越える日米型ルールが導入―」）

つまりオンライン上の「貿易」の完全な自由化と相手国に対する徹底した免責が方針であることがわかる。

そもそも、GAFAを抱えるアメリカと日本のデジタル産業はあまりに非対称である。しかし、例えば、自国の市場開放を条件にデータセンターの誘致などもしてはならない、という取り決めがなされる。ウィンウィンを装いながら、何の見返りもない。日本のデジタル市場にアメリカが自由に手を突っ込める協定であり、MIS使節団以降、その環境やインフラを整えるため日本の「情報化」はなされてきたと改めて思う。

日米デジタル貿易協定の各条項を見ても、オンライン以降の世代にとってはどこがおかしいのかと首を傾げるかもしれないが、それは私たちのオンラインに対する考え方が北米仕様になっているからだ。

表5は、TPPと日本・EU間の経済連携協定、そしてアメリカ・メキシコ・カナダ間のFTAであるUSMCAのデジタル貿易条項、日米デジタル貿易協定の対比図である。

まずTPP・USMCA・日米デジタル貿易協定での三つは、そう大きく差がないように思えるが、デジタル・プロダクトの国境を越えた移動についてはTPPでは「自国の規制上の用件を課すことができる」「対象者の事業のために行われる場合には情報（個人情報を含む）の電子的手段」での移転を「許可する」とある。つまり、制限が前提の書き方だ。

しかも、TPPには「プロダクツ」の中に移動する「個人情報」が入っていることが明示されている。そして「規制」を設けた上で商業利用を許可する、とある。

TPPから日米デジタル貿易協定に至る流れの肝は個人情報の民間利用をいかに自由貿易化するかにある。しかし、TPPでは、個人情報の民間利用のハードルの設置が可能な条文である。対して日米貿易協定では「個人情報を含む」が消え「情報の電子的手段による国境を越える移転を禁止または制限してはならない」とシンプルになる。「個人情報」という名が隠される一方、ほぼ完全な「個人情報」の移動の自由化がうたわれたのである。

さらにTPPにはなかったが、SNSのプラットフォーマーの免責がUSMCAで採用された。SNSの運営側は「投稿」に責任を持たないことが協定される。しかし、日本産のSNSがニコニコ動画、2ちゃんねる、韓国企業の開発が元のLINEぐらいで国内及び、せいぜい東アジアの一部にしか市場がないのに対して、旧ツイッター、フェイスブック、インスタグラム、YouTubeなど北米産のSNSは日本に広く浸透していて、免責による利益はまさに非対称である。

同じ時期に交渉された二〇一八年締結の日本・EU経済連携協定と日米デジタル貿易協定を比べると、デジタルプロダクツの国境を越えた自由な移動についての規定はなく、データの移動について改めてこの協定に含めるか否かを考える、と留保される。相手国に自分の国のデータセンターを置くことを求めうることを禁じる条項もプラットフォーマーの免責事項もない。

つまりオンライン上のプラットフォーマーの自由貿易についてことごとく留保している。それが「個人情報」含む以上、人権やプライバシーの問題に抵触するからだとは言うまでもない。

## 個人情報はGAFAに差し出された

つまりこのことから明らかなのは、デジタル貿易において日本は、人権を優位に置くEUの陣営でなく個人情報のGAFAによる民間利用を可能にするアメリカに従属することを表明したことになるということだ。

他にも問題のある条項は少なくない。例えば、アルゴリズムの非公開は自動車から原発までアメリカのつくったアルゴリズムが原因で事故が起きてもその責は問えなくなる（そういう危惧は当時、自民党側からも出ていた）。

このように北米プラットフォーム企業の側に立って個人情報の利用を可能にしたのが日米デジタル貿易協定である。

そしてデジタル情報としての個人情報には個人番号によって紐付けられた個人情報が含まれる。

日本のデジタル化は「個人番号」という個人情報の民間利用のためのインフラの構築が一貫して推進されていた。個人情報が紐付けられていなければユーザーごとにカスタマイズしたサービスや、ビッグデータとしての利用が難しい。またスマートIDカードは、個人が企業に解放された行政サービスを受けるIDに転用される。

| USMCA<br>第19章（デジタル貿易） | 日米貿易協定（デジタル貿易）<br>※日本政府の「概要」より |
|---|---|
| ・締約国は、電子的に送信されたデジタル・プロダクトの輸出入に関税、手数料その他の課徴金を課してはならない。（第19.3条） | ・いずれの締約国も、締約国間における電子的な送信に対して関税を賦課してはならない。 |
| TPPと同様（第19.4条） | ・一方の締約国は、他方の締約国のデジタル・プロダクトに対し、他の同種のデジタル・プロダクトに与える待遇よりも不利な待遇を与えてはならない。 |
| ・締約国は、対象者の事業のために行われる場合には、情報（個人情報を含む。）の電子的手段による国境を越える移転を禁止し又は制限してはならない。・締約国が公共政策の正当な目的を達成するために上記規定に適合しない措置を採用することを妨げない。（第19.11条） | ・いずれの締約国も、対象者の事業のために行われる場合には、公共政策の正当な目的のための措置を除いて、情報の電子的手段による国境を越える移転を禁止又は制限してはならない。 |
| ・締約国は、自国の領域において事業を遂行するための条件として、対象者に対し、当該領域においてコンピュータ関連設備を利用・設置することを要求してはならない。（第19.12条） | ・いずれの締約国も、自国の領域で事業を行うための条件として、対象者に対し、自国内でのコンピュータ関連設備の利用・設置を要求してはならない。金融サービスについては、金融当局による規制や監督のためのアクセスが認められる限りにおいて同様。 |
| ・他の締約国の者が所有するソフトウェア又は当該ソフトウェアを含む製品の自国領域における利用等の条件として、当該ソフトウェアのソース・コード及び当該ソフトウェアにおいて表現されたアルゴリズムの移転又はアクセスを要求してはならない。（第19.16条） | ・一方の締約国は、自国における輸入・販売等の条件として、ソフトウェアのソース・コードやアルゴリズムの移転等を要求してはならない。但し、規制機関や司法当局の措置については、例外がある。 |
| ・双方向コンピュータ・サービスによって送信等がなされた情報に関連する損害についての責任を認定する際に、当該双方向コンピュータ・サービスの提供者又は利用者を情報コンテンツ提供者として扱ってはならない。（第19.17条） | ・SNS等の双方向コンピュータサービスについて、情報流通等に関連する損害の責任を決定するにあたって、提供者等を情報の発信主体として取り扱う措置を採用し、または維持してはならないこと等を規定する。 |
| ※物品の市場アクセス分野において、暗号法を含んだ商品の輸入制限を禁止する規定あり | ・いずれの締約国も、暗号を使用する情報通信技術産品の販売や輸入の条件として、製造者に対して、暗号法に関する情報の移転等を要求してはならない。 |

アジア太平洋資料センター）

表 5　TPP/ 日 EU 経済連携協定 /USMCA/ 日米貿易協定の比較

| | TPP協定<br>第 14 章（電子商取引） | 日 EU 経済連携協定<br>第 8 章 F 節（電子商取引） |
|---|---|---|
| **関税不賦課** | ・締約国は、電子的な送信（電子的に送信されるコンテンツを含む。）に関税を課してはならない。（第 14.3 条） | ・締約国は、電子的な送信に対して関税を課してはならない。（第 8.72 条） |
| **無差別待遇** | ・締約国は、①他の締約国の領域において創作、生産、出版、契約、委託等されたデジタル・プロダクト又は②著作者、実演家、制作者、開発者、所有者が他の締約国の者であるデジタル・プロダクトに対し、他の同種のデジタル・プロダクトに与える待遇よりも不利な待遇を与えてはならない。（第 14.4 条） | 規定なし |
| **国境を越える情報の電子的移転** | ・締約国は、情報の電子的手段による移転に関する自国の規制上の要件を課することができる。・締約国は、対象者の事業のために行われる場合には、情報（個人情報を含む。）の電子的手段による国境を越える移転を許可する。・締約国が公共政策の正当な目的を達成するために上記規定に適合しない措置を採用することを妨げない。（第 14.11 条） | ・締約国は、この協定の効力発生の日から 3 年以内に、データの自由な流通に関する規定をこの協定に含めることの必要性について再評価する。（第 8.81 条） |
| **コンピュータ関連設備の現地化要求の禁止** | ・締約国は、コンピュータ関連設備の利用に関する自国の法令上の要件を課することができる。・締約国は、自国の領域において事業を遂行するための条件として、対象者に対し、当該領域においてコンピュータ関連設備を利用・設置することを要求してはならない。・締約国が公共政策の正当な目的を達成するために上記規定に適合しない措置を採用することを妨げない。（第 14.13 条） | 規定なし |
| **ソース・コードの開示要求の禁止** | ・他の締約国の者が所有するソフトウェア又は当該ソフトウェアを含む製品の自国領域における利用等の条件として、当該ソフトウェアのソース・コードの移転又はアクセスを要求してはならない。（第 14.17 条） | ・いずれの一方の締約国も、他方の締約国の者が所有するソフトウェアのソース・コードの移転又は当該該ソース・コードへのアクセスを要求することができない。（第 8.73 条） |
| **双方向コンピュータ・サービス提供者の免責** | 規定なし | 規定なし |
| | | |

（出典：内田聖子『日米デジタル貿易協定— TPP を超える米国型ルールが導入—』

マイナンバー制度の「民間」の「活用」が所与のものとして議論されていたことは既に見た。そこにGAFAを中心とする北米のプラットフォーマーやデジタル産業が自由に手を突っ込むことが可能になった。日本国民の個人情報を活用する「民間」にGAFAが公的に含まれるようになったのだ。

それは、国民総背番号の時代にあった「人権」への危機意識を国会審議の中で後退させ、基本的人権の条項をそもそも存在させない改憲案を平然と示す与党や、人権の訴えを冷笑しマウントをとる方に世論が流れるこの国では当然の帰結である。

かくして安倍政権は一九六〇年代末のMIS使節団が持ち帰った「情報化」という外圧から半世紀を経て、マイナンバー制度に紐付けされた個人情報をアメリカに差し出す結末を選択した。私たちの人権はいわばGAFAに差し出されたのである。そして、個人情報の外資を含む「民間」活用が現実となった今、何がなんでも「国民皆ICカード」化は実現されなくてはならない。

それが私たちの「現在」である。

# 3 スーパーシティというディストピア

## a　大阪万博とトヨタ

マイナンバーから少し話題を変える。「マイナンバー制度」によって設計される社会がどのように構想されているのかを検証していきたい。

スーパーシティ、あるいは、スマートシティということばを聞いたことがあるだろうか。

ぼくのような旧世代なら沢田研二の「ＴＯＫＩＯ」（作詞・糸井重里、作曲・加瀬邦彦、一九七九年）というバブル前夜の時代の歌謡曲の一節に「スーパー・シティーが舞いおりる」「奇跡をうみだすスーパー・シティー」とあったのを思い出すぐらいだろう。

### 政府の描くデジタルな未来

再びここでＧｏｏｇｌｅの生成ＡＩに聞いてみよう。耳慣れぬことばがその時点で、オンライン上でどのようなコンセンサスとして最大公約数的にあるのかを確かめるには生成ＡＩは向いている。

スーパーシティとは、最新の技術を活用して地域の課題を解決することを目的とした都市です。

スーパーシティでは、ＡＩ（人工知能）やビッグデータ（膨大な量の情報の集合体）などの未来技術を活用し、生活の中の「困りごと」の解決を図ります。また、データの利活用と規制・制度改革を推進し、暮らしを支える様々な最先端サービスを地域に社会実装していきます。

スーパーシティは、分野や部門の縛りはほぼなく、ショッピングや交通、物流から福祉にいたるまで、さまざまなシーンに最先端のテクノロジーが用いられます。

スーパーシティは、政府が描く未来社会像「Society5.0」の実現を目指すもので、スマートシティとウーブンシティとも関連があります。

２０２２年４月、スーパーシティ候補地の選定結果が閣議決定され、茨城県「つくば市」と、大阪府「大阪市」の２つが選ばれました。

ついでにＧｏｏｇｌｅのＡＩは図５も引用してきているのでそのまま再引用する。内閣府が二〇一八年十一月末に開催した「第３回『スーパーシティ』構想の実現に向けた有識者懇談会」についてのネットの記事からの借用のようだ。

別の日にはＧｏｏｇｌｅのＡＩはスーパーシティの基本要素として

未来像

住民の参画

強い首長

技術を実装できる企業

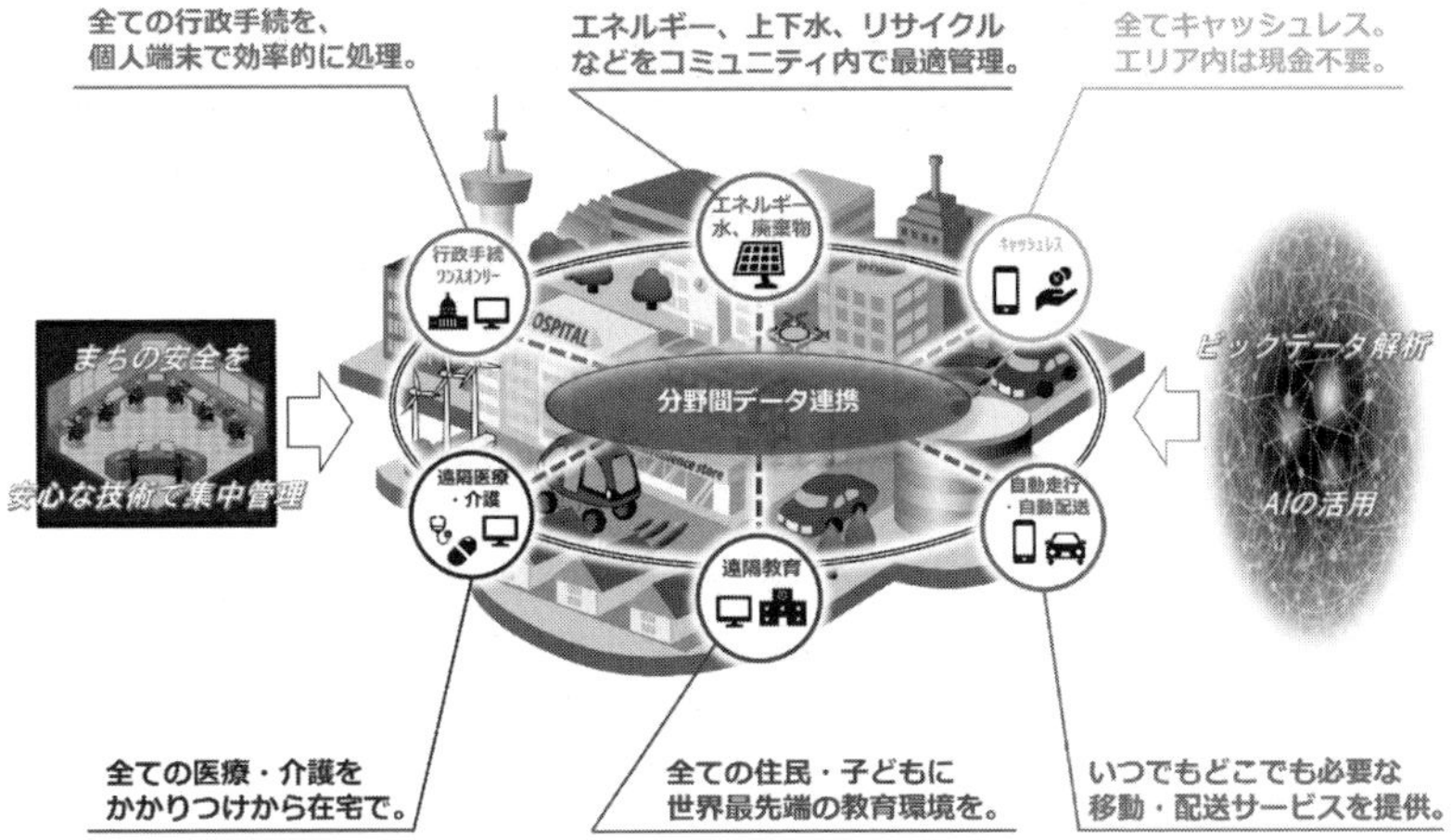
全ての行政手続を、
個人端末で効率的に処理。
エネルギー、上下水、リサイクル
などをコミュニティ内で最適管理。
全てキャッシュレス。
エリア内は現金不要。
行政手続
ワンスオンリー
エネルギー
水、廃棄物
キャッシュレス
まちの安全を
安心な技術で集中管理
分野間データ連携
ビッグデータ解析
AIの活用
遠隔医療
・介護
遠隔教育
自動走行
・自動配送
全ての医療・介護を
かかりつけから在宅で。
全ての住民・子どもに
世界最先端の教育環境を。
いつでもどこでも必要な
移動・配送サービスを提供。

図５　google のAI が引っ張り出したスーパーシティの概念図
第３回　「スーパーシティ」構想の実現に向けた有識者懇談会（2018.11.26）
からの借用らしい。

を挙げてきた。これも先の内閣府の同じ会議の別の記事からの借用のようで、ＡＩ君は孫引きが多い。

また、行政の文書を説明する記事からの引用も多く、自ずとＡＩ君の立ち位置も見えてくる。

どうやらＡＩを導入し、住民のビッグデータを援用し、行政の住民サービスにとどまらない生活サービスを提供する自治体のモデルだとうかがえる。そのサービス提供のために「個人情報」を使うとは書いていないがビッグデータとは個人情報の集積であり、マイナンバー制度が当然、前提となっているはずだ。

しかし「住民参加」を謳う一方で「強い首長」が前提となっていることに注意したい。

そして未来社会像「Society5.0」の実験を目指すとも生成ＡＩ君はいう。

Society5.0とは安倍政権時代の二〇一六年、「日本の科学技術政策の司令塔」などとも形容される内閣府の総合科学技術・イノベーション会議（議長・安倍晋三首相）がまとめた「第5期科学技術基本計画」に提示さ

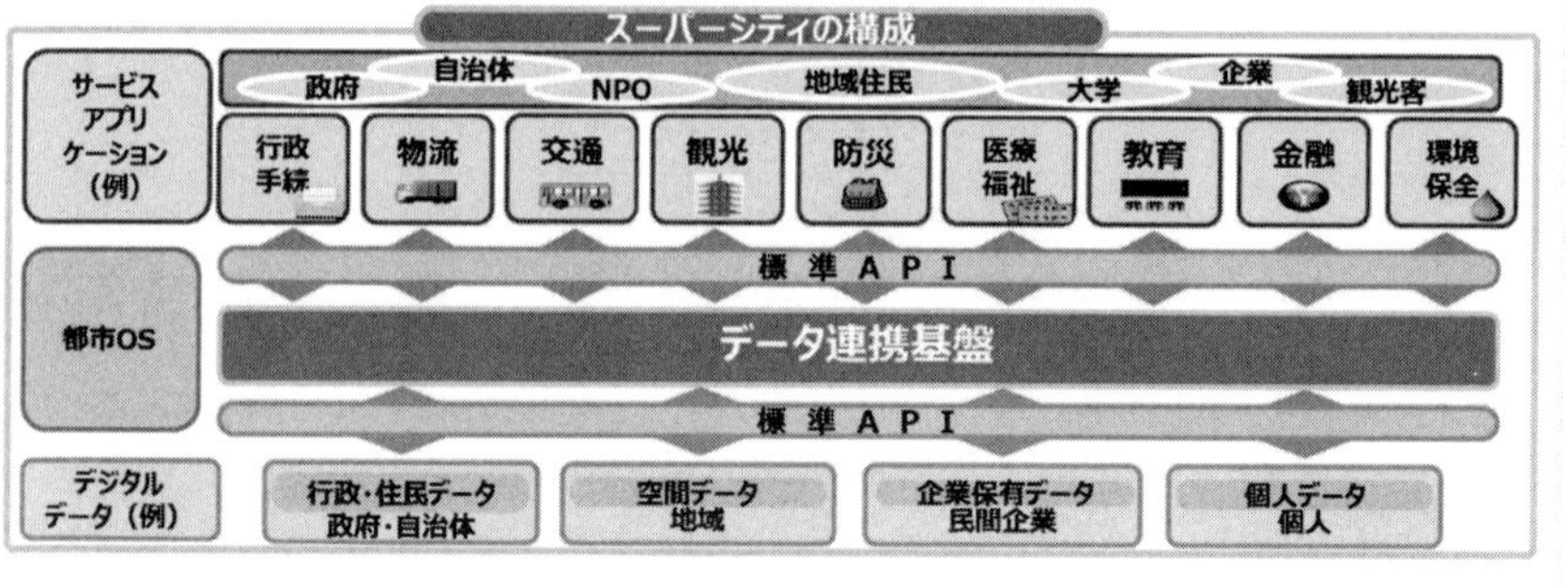


図６　スーパーシティのポンチ絵。個人情報の民間利用による行政民営化。

出典：瀬戸山順一・中村いずみ「「スーパーシティ」構想の実現に向けた法整備―国家戦略特別区域法改正をめぐる国会論議―」（参議院常任委員会調査室・特別調査室『立法と調査』2020. 9　No. 427）

れた未来像だ。人類がこれまで歩んできた「狩猟」「農耕」「工業」「情報」につぐ第5の新たな社会をいうようだ。つまり、ポスト情報社会とでもいうべきもので、なるほど、Society4.0の「情報」社会は佐藤栄作政権時代、外圧による日本の情報化が五十年前に始まり、安倍政権の日米デジタル貿易協定で終わって、今やネクストステージがデザインされているらしい。

旧体制の打破や改革や改憲をうたった安倍政権時代、そして、新しい資本主義を標榜する岸田政権までこの国の未来像をおよそ政府から具体的に示された記憶がないが、「スーパーシティ」とはどうやら私たちの政府が知らぬ間に描き出したデジタルな「未来」であるようだ。

だが、このスーパーシティ構想が最もわかりやすいのは図6だろう。

内閣府の文書からの引用だが、個人情報、行政の情報、民間の情報をひとまとめにしたデータベースの上に住民の全生活に及ぶ行政サービスと民間事業、つまりボーダレスな「行政」が「アプリケーション」として行なわれる、個人情報の民間への解放と行政サービスの事実上の民営化が「スーパーシティ」なのである。マイナンバーは個人情報と行政、民間との紐付けと商業利用のインフラであると言ってきたが、スーパーシティとはマイナンバー制度が作ろうとしている「未来」なのである。さてその実証実験に「大阪市」が選ばれたと生成ＡＩ君は教えてくれた。勘のいい方は「あれ」か、と気づかれたはずである。

そう、大阪万博である。

## 大阪万博はスーパーシティのプレゼン

実は大阪万博は「スーパーシティ」の実証実験の一環なのである。巨大な木の輪っかに、吉本やパソナ館というパビリオンにガンダムが立ち、そして「空飛ぶ車」が飛ぶらしいあの大阪万博が「スーパーシティ」のプレゼンだというのである。

例えば、あの大阪万博の「目玉」の一つ「空飛ぶ車」が「大阪府・大阪市スーパーシティ構想」の一貫であることは、Ｓｋｙｄｒｉｖｅという会社がスーパーシティ構想の一貫として調査や実験を行なっていることがオンライン上に散見される情報からも確認できる。

そもそも「大阪万博」は健康分野のＤＸ化を軸とするスーパーシティ構想の一つのようだ。その第一ステージが夢洲の整備、第二ステージが大阪府・市における「ライフデザイン・イノベーション」なるもの、第三ステージが「いのち輝く未来社会のデザイン」がテーマの大阪万博であるという。行政の作るポンチ絵（図７）ではそうなっている。これは吉村大阪府知事、松井大阪市長の出席のもと、二〇二二年六月十四日開催の第１回大阪スーパーシティ協議会で配布された資料にある。同年四月十二日大阪市域がスーパーシティ型国家戦略特別区域に指定されたことを受けての会議でそれまでの大阪市・府政の迷走の辻褄を合わせるかなり無理がある図ではある。

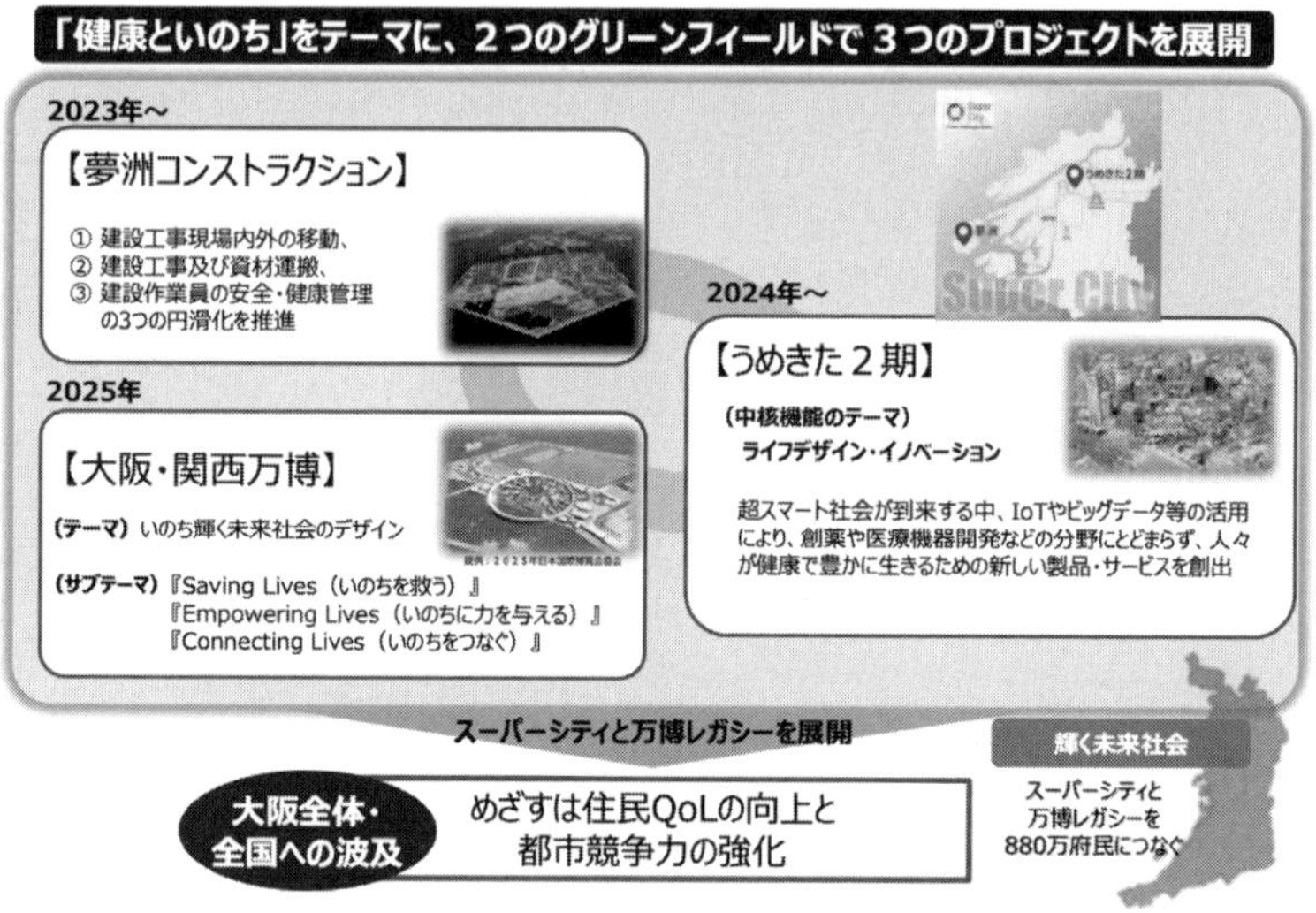


図７　「大阪スーパーシティ構想抜粋」
出典：2022年6月14日開催の第1回大阪スーパーシティ協議会で配布された資料

大阪万博がカジノのインフラのためのイベントだということは誰でも気づいているが、どうやら万博だけでは予算が足りず「スーパーシティ」なる国策にも乗っかっていることにまず驚き、呆れる。

しかし、今ひとつわからないのが第二ステージの「ライフデザイン・イノベーション」である。資料をよく読むと「超スマート社会が到来する中、ＩｏＴやビッグデータ等の活用により、創薬や医療機器開発などの分野にとどまらず、人々が健康で豊かに生きるための新しい製品・サービスを創出」とある。なるほど、個人情報の民間利用で医療・健康サービスを提供するという、番号制度が議論されるたびに示された「画に描いた餅」とわかる。

しかし気になるのは「創薬や医療機器開発」である。まさか、コロナ対応でイソジンが効くと吉村知事がいったあれのはずもないが、記憶をたどってみると、そういえば同じ吉村の肝入りの「大阪発のコロナワクチン開発」が確かあったと思い出す。

調べ直すとアンジェスというベンチャー企業に

七十五億円が国費から投入され、「オール大阪で取り組んでいく」と吉村知事は前のめりの発言をしている。この「大阪ワクチン」の開発者の一人とされた森下竜一・大阪大学大学院教授は、万博の大阪パビリオン推進委員会の総合プロデューサーも務めていたから、同ワクチンが万博＝スーパーシティの流れの中にうまく収まる目算であったことがわかるだろう。ご承知のように大阪ワクチンは頓挫、助成金の一部を返還する騒ぎとなっている。

そもそも、コロナ禍における大阪府・市の行政の迷走を見たとき、どの口が医療をテーマに掲げた都市づくりや万博をうたうかと思う。

さて、大阪万博の目玉、「空飛ぶ車」の開発元はベンチャーだが、国土交通省と経済産業省による実現に向けた「空飛ぶ移動革命に向けた官民協議会」は当初は航空会社が中心だったが中途でトヨタが加わっている。そもそもＳｋｙｄｒｉｖｅの開発はベンチャー時代からトヨタ出身の技術者によってなされ、トヨタグループの豊田鉄工が出資している。

ここでトヨタにこだわるのは同社もまた「スーパーシティ」の旗振り役だからである。

## スーパーシティは地方自治を殺す

トヨタによって富士山麓、つまり、ショッカーの国民総背番号計画の拠点があったのと同じ場所に造られつつあるのがWoven City（ウーブン・シティ）である。

厳密にいえばこのトヨタのWoven Cityは、国のスーパーシティの事業者には直接名を連ねていない。しかし、スーパシティのモデルとしては真っ先に名前があがる。それはスーパーシティがそもそも「特区」として、規制の緩和を前提とした政策だからだ。トヨタのWoven Cityはトヨタの私有地にあり、しかも、所在地の自治体に二名の社員を議員として送り込んでいる。自治体に規制されないどころか自治体を牽制する仕組みになっている。

Woven City がつくられるのは静岡県裾野市の同社工場跡地である。もともと私有地である以上、規制緩和の「特区」の手続きなしに様々なスーパーシティの実験ができる。Woven City は自動車の自動運転走行実験場としての思いつきから始まったとされる。そこに水素エネルギーという、スーパーシティがまだスマートシティと呼ばれた時点では構想の中核にあったエコロジー的要素が加わる。そこに、プラットフォームがビッグデータをもとにＡＩで都市内の車だけでなく、あらゆるインフラや行政サービスを管理するスーパーシティの構想となった。

Woven City を紹介した記事の一つにはこうある。

ＮＴＴの通信インフラにおける高い技術力を生かした、新たなサービスの開発も進めていくという。クラウドサービスやＩｏT、ビッグデータなどのサービスにおける効率化・高度化を図り、ヒト・クルマ・イエ、また住民・企業・自治体等に係る生活、ビジネス及びインフラ・公共サービス等の全ての領域への価値提供を行う「スマートシティプラットフォーム」を共同で構築し、先行ケースとして「ウーブン・シティ」にて展開する見込みだ。(「トヨタが実験都市「ウーブン・シティ」を静岡に開発、ロボットやＡＩ技術を駆使した〝テストコース〟の街」fashionpress［ファッションプレス］https://www.fashion-press.net/news/57048)

この住民データをビッグデータとしてＡＩが運用、行政サービスを含むあらゆる住民サービスを居住者に提供するプラットフォームが「都市」を運営していくのがスマートシティの構想である。

当然、自動運転の自動車や公共機関の運用、そして例の空飛ぶ車まで含めこのプラットフォームが動かしていく。この引用には明示されていないが「公共サービス」の中には医療・福祉が当然、含まれる。別の記事にはこうある。

街では、住民の体温など健康状態をセンサーなどでチェックし、感染症拡大を防ぐ。オンライン診療も想定される。

一方で、車の移動経路や医療面の個人情報は丸ごと把握される。

（「住民が移動ルートも健康データも提供　トヨタが作る「未来都市」に人は集まるか」朝日新聞 GLOBE + https://globe.asahi.com/article/13522971）

大阪府・市の「ライフデザイン・イノベーション」は「大阪ワクチン」開発の拠点だけでなく、具体的にはこういう絵面だったはずだ。

この記事ではこれらの情報の運用者が不透明だとあるが、トヨタは民間企業なので自治体ではない。私有地で都市づくりをするのはスーパーシティが自治体から半独立したプラットフォームであることが望ましいからだ。トヨタが地元の自治体に議員を送り込むのは自治体からスーパーシティ構想をガードする、牽制役だ。つまり、トヨタのスーパーシティは「都市」として行政サービスを提供しながら自治体ではない。そこに地方自治は存在しない仕組みだ。

地方自治とは住民が議員を選び、議員が意志決定していく。そうやって民意が反映される。しかし、スーパーシティにおいてプラットフォームを設計・運用するのは民間企業である。

むろん、地方自治に民意などまともに反映していない、と嘯《うそぶ》くことは可能だ。民主主義の理想と現実の政治は解離している。

だからといってスーパーシティ構想に見え隠れする地方自治のあり方を根本から変えようとする方向性に簡単に同意はできない。

スーパーシティにおいて「人」は対プラットフォームの「ユーザー」である。ビッグデータや個人データを駆使してユーザーの意に沿ってサービスが提供され、ユーザーとしての願望にも細かに応えてくれるだろう。

だから地方自治のまどろっこしい手続きは簡素化しプラットフォームに任せた方が楽だし、サービスも快適だとトヨタに限らず、大半のスーパーシティ構想はささやきかけるのだ。そして住民の意志決定の代わりに強いトップが「行政」を牽引する。Woven City であればトヨタという企業のトップだが、スーパーシィティ構想を推進する大阪府・市が維新出身者による強い首長を標榜していることは決して無縁ではない。

しかし、それでは民主主義はどうなってしまうのか。スーパーシティを運用するのは私企業であり「サービス」はあくまでも採算が基準となる。首長は民意ではなく企業の代行者になりかねない。

何よりユーザーは有権者と違ってプラットフォームへの参政権を当然だが持たない。スーパーシティ構想では議会や公聴会という民意を反映する仕組みを総じて後退させ、それをユーザーとプラットフォーム間の関係にすり変える傾向が強い。つまりスーパーシティとは民主主義の根幹である地方自治を「殺し」、無効にするのである。

このようにマイナンバーの商用転用で構想される「Society5.0」とは「脱・民主主義社会」なのである。

## b　東日本大震災とスマートシティ

もう少し、このスーパーシティについて俯瞰してみよう。そもそもスーパーシティは当初はスマートシティと言った。

またもや、Ｇｏｏｇｌｅの生成ＡＩに聞いてみる。

スマートシティは、ＩＣＴ等の新技術を活用しつつ、マネジメント（計画、整備、管理・運営等）の高度化により、都市や地域の抱える諸課題の解決を行い、また新たな価値を創出し続ける、持続可能な都市や地域であり、Society 5.0の先行的な実現の場と定義されています。

「Society 5.0の先行的な実現の場」だとやはり言っている。内容はスーパーシティとほぼ変わらないが「持続可能」なる点がやや違う。つまり「ＳＤＧｓ」、持続可能な開発目標の意味が含まれているとわかる。ぼくに言わせればかなりうさん臭いこのことば自体は多様な意味と領域に及ぶが、その中核となるのは再生可能エネルギーである。

### 環境政策として位置づけられていたスマートシティ

スーパーシティに比してスマートシティは同じプラットフォーム自治体でもエコロジー的要素が強い。トヨタの水素エネルギー利用もスマートシティの流れをくむ。

このようなスーパーシティとの違いはスマートシティが東日本大震災を契機に生まれ実証実験されたからで

ある。

調べてみると国会審議における「スマートシティ」という語の初出は、第177回国会参議院での二〇一一年二月二十六日、国際・地理環境・食料問題に関する調査会においてである。すなわち環境問題の文脈である。

日本も、減る人口の中でうまく集約、地方も集約、そして東京もコンパクトシティーを目指すとか、そういうことに持っていって、あるいはICT、情報通信技術を使ってスマートシティーをつくろうと。つまり、水の問題だけではなくて、今ITSとか情報交通システムあるいはスマートグリッド、送電をうまくやろうというのがありますけれども、そういうものを全部統合して都市を情報化して、その中に水も組み込んで、洪水や干ばつということなしに、しかも低エネルギーで都市の人たちあるいは地方の人たち、中核都市も安全な水を安定して得られるようにしようというふうな仕組みが広がっていくと、これがやはり日本の非常にベストシナリオではないかというふうに思います。

（沖大幹・第177回国会　参議院 国際・地球環境・食糧問題に関する調査会　第1号　平成23年2月16日）

水の話題が軸にあるのは、水利の専門家である参考人・沖の発言だからである。また「コンパクトシティ」という語が含まれるがこれは、一九七二年、つまり日本でマイナンバー制度の原型・国民総背番号制が議論されていた頃にできた言葉だ。マサチューセッツ工科大のデニス・メドウスを中心とする国際研究チームがまとめた「成長の限界」という、SDGs論の基礎となったとされる研究がもとで、これを踏まえ、一九七三年に数理学者ジョージ・ダンツィが提唱した造語であるという。

都市郊外への拡大を抑えて交通や水利など公共サービスの都市機能を集約し、効率化し都市を文字通り空間的にもインフラ的にもコンパクトにするという考え方だ。国会でこの語が用いられた二〇一一年の時点では、新たに都市の情報化という概念が結びつき、スマートシティへと変化したことがわかる。コンパクトシティは人口減対策として都市機能を集約することで効率化を目指すが、市町村のいわゆる平成の合併に伴い実施された例も少なくない。しかし、結果は、旧地域の切り捨てや「中心」として建設されたハコモノの再開発ビルに入居する施設が集まらないなど、むしろ大型のショッピングモールが郊外へと広がる中で政策としては批判も多い。

そのコンパクトシティに情報技術を結びつけたのがスマートシティでそもそも「スマート」とは実は「スマートフォン」の「スマート」と同じニュアンスで名前からしてひどく浅い。

しかし東日本震災をきっかけにスマートシティは民主党政権下で環境政策として位置付け直されるのである。マイナンバーがそうであったように災厄はしばしば「国策」の方便となる好例だ。

民主党政権下、スマートシティは民主党のエコ政策の中にこう位置付けられる。

> 世界経済の低迷が見込まれる今、太陽光、地熱、風力、小水力などの再生エネルギー、エネファームや省エネルギーの促進、スマートシティーづくりの拡大を政策誘導して、日本国内に新しい需要と雇用の場をつくるのです。
>
> 例えば、エネファーム、太陽光パネル、蓄電池という、私流に言わせれば新三種の神器とスマートメーターを各御家庭に普及させて、一人一人の国民が電気の消費者であると同時に生産者であり管理者であるというプロシューマーの考え方を普遍化、常識化していく必要があります。
>
> （仙谷由人・第181回国会　衆議院　本会議　第2号　平成24年10月31日）

仙谷は民主党政権の目玉政策の一つであった「新しい公共」の担当大臣でもあった。「新しい公共」とは地域の住民やNPOが行政サービスの一部を協働的に担っていくという考え方だが、それは見方によっては菅義偉政権が批判を浴びた「公助」に変わる「自助」「共助」につながる考え方である。

マイナンバー政策が民主党政権のこれも目玉で結局実施されなかった「給付付き税額控除」と番号制度とセットとなることでも推進された経緯があるように、同一の政策が民主党政権時代はリベラルにお色直しされ国会での議論の遡上に乗る流れがつくられる例は少なくない。

そうやって、政策の一貫性が保たれるための方便がつくられるが、国会質問での与党の答弁を官僚が作文していることを踏まえれば当然である。

このマイナンバー制度に至るまでの流れで注意したいのはこの官僚側の思惑である。「外圧」や企業の思惑や政治家の利権の間隙を突いて官僚の利権がしっかりと守られているのはマイナンバー制度に限らずあらゆる政策の基本だ。

だからマイナンバーの本質は徹底した徴税制度の確立だ、という人がいるがそれはある意味正しい。

一方でもう一つ、行政のアウトソーシングをめざす流れにも注意が必要だ。

これは税金が民間に流れる仕組みづくりであり、官僚の利権を新たに生んでいく。つまり自分たちの給与や退職後を支える「税」の確保と官僚の力を維持し、それこそ彼らの「持続可能性」を担保することにもなる。

その「官僚の利権」を維持・存続させるために「政策」がつくられ、与党である政権・政党のニーズに合わせて「方便」はいくらでもつくり変えられる。

それは国民総背番号からマイナンバーに至る流れで見たことである。

そしてマイナンバー制度とスマートシティ・スーパーシティ制度がセットになった時、小説や映画が繰り返し描いてきたディストピアが成立する。「外圧」とその根幹にある「官僚」たちの利益の永続という全ての政策の基礎にある考え方を踏まえないと、一国の政策の猫の目のように変わる「表紙」の意味がわからない。

さて脱線したがスマートシティはこのように民主党政権下で「新しい公共」の名をまといSDGsとともに公共サービスのアウトソーシング化、つまりは民間の参入という文脈が改めて付加される。マイナンバーに至る流れが個人番号と個人情報の民間活用にあったことと整合性が成立する。

そして民主党政権下、東日本大震災の復興政策を名目に「コンパクトシティ」と「スマートシティ」を総合する実験場となったのが福島県会津若松市であった。

## 復興支援を名目にした実験

会津若松市は都市部を中心に近隣自治体に限界集落を抱える。コンパクトシティのモデル作りには都合のいい場所として同地は震災前から実験の候補地だった。それが震災によって、再生可能エネルギーによるエコロジカルな要素とIT技術による都市運営という要素が加わったスマートシティ構想となった。

この環境政策の強調は原発事故だけでなく、民主党鳩山政権時代の京都議定書の流れも汲んでいる。民主党の理念が食い物にされている、というべきか、彼らの脇の甘さをやはり諫めるべきか。

しかし、問題なのはこの会津若松スマートシティの推進者である。

ぼくは日米デジタル貿易協定で「外資」が個人情報を民間利用する可能性を示した。

それは実はこの会津若松スマートシティ構想で、既に現実となっていた。

杞憂ではないのである。

その主体となったのは、公立大学法人会津大学とアクセンチュアという民間企業である。

アクセンチュアは聞き慣れない名かもしれないが、マキンゼーと並ぶ世界最大のアメリカのコンサルタント会社である。

本社はアイルランドだがそれは税務上の「本社」で、実態はアメリカのグローバル企業で今も拠点はアメリカである。その業務の中心の一つがＡＩからクラウドに至るまでの最先端のデジタル技術を用いた公共機関へのコンサルティングである。

同社のＨＰにこうある。

アクセンチュアは、公共機関をデジタル化することにより、国民・市民の暮らしや職員の働き方にイノベーションを引き起こすようご支援します。国内外の政府・自治体における実績と最新の知見を駆使し、政策・ビジョンの検討・実行から、業務・組織の変革まで、アウトカムにこだわった支援をご提供いたします。

(https://www.accenture.com/jp-ja/industries/public-service-index)

同社は、電力・ガス業界へのコンサルティング、そして水道民営化を含む「水」についての提言も数多く、企業だけでなく行政や自治体へのコンサルティングを行なっていて、竹中平蔵の発言などは同社のレポートの根拠となっている例も散見する。

つまり日本の政策に影響力のあるデジタル分野に強いコンサルタント企業なのである。

アクセンチュアは彼らの言を借りるなら、同社は「日本への恩返し」「使命感に突き動かされ」、震災後わずか五カ月後の二〇一一年八月十一日に「アクセンチュア福島イノベーションセンター」を「地方創造」をもう一方の名目に開設する。

しかしその動機は当然、社会貢献ではなく、企業が主導で電気・ガス・水道・交通といったインフラや医療や福祉、教育といった行政サービスのデジタル化を可能にするための「実験」を復興支援の名目でスタートするための拠点である。

「復興」を名目にしているため、グローバル企業の実証実験は批判されることも少なく、自民党に政権が戻った後は野党からスマートシティ構想が鼓舞される。

> 復興拠点、東北全体を新しい形につくっていくということにおいて、去年までいろいろな地区でスマートシティーの実証実験が行われたと思うんですが、この拠点だけにスマートシティーを導入しても大きな意義はないと思うんですが、東北全体を復興するに当たって、新しい東北をつくっていくに当たって、再エネ導入の観点、スマートシティーの観点、これは重要だと思うんですが、どのように考慮されていらっしゃいますでしょうか。
>
> （落合貴之・第189回国会　衆議院　東日本大震災復興特別委員会　第3号　平成27年3月26日）

みんなの党、維新などを経て現在の立憲民主党議員の発言である。

彼はスマートシティを会津だけでなく東北全域に拡大せよと迫る。アクセンチュアの思惑通りである。

既に述べたように、コンパクトシティ構想に京都議定書、震災を経て脱炭素化社会を目指すエコモデルがまず統合され、電子政府の成功例とされるリストニアのモデルとも結びつく。

アクセンチュアはそこで二つの重要なモデルを提示する。

一つは市民向けの「デジタルコミュニケーション・プラットフォーム」という市民や観光客用のアプリやサービスを提供するプラットフォームとともに設置した、オープン・ビッグ・データプラットフォームという住民の個人情報を集積するデータベースである。個人情報を集積、データベース化する仕組みを作ったのである。集積された個人情報は「申請し承認されれば誰でも自由に使える」、つまり官・学のみならず「産」（企業）も利用可能とするものだ。その提供を許すかは個々の住民にあるとするが、私たちの多くがアプリやプラットフォームの規約をほとんど読まないで「同意」していることを考えれば「承認」の意味がどこまで周知徹底されるのかは当然の疑問である。

この個人情報の民間利用への解放は国民総背番号制時代から一貫した構想であったことはいうまでもない。もう一つが「民意」の問題である。

## グローバル企業が住民自治をこわす

会津に限らずスマートシティ・スーパーシティは市民や人間が主役と口をそろえるが、それはその真逆にそこの構想が向かうからに他ならない。

その「住民本位」をアクセンチュア関係者はこう記す。

〝街づくり〟における主役は市民である。それだけに行政と市民のコミュニケーションのあり方は、全国の多くの自治体が抱える課題であるといえよう。

特に、市民参加型のスマートシティや地方創生プロジェクトの実現を目指す首長や自治体にとって、市民との密なコミュニケーションをどう実現していくかは切実で大きな課題である。なぜなら、政策を実現するためには、首長や自治体の政策を市民一人ひとりに確実に届け、政策に対する理解を深めてもらい、市民からも意見が集まるインタラクティブな関係を構築していくことが重要だからだ。
（アクセンチュア（海老原誠一／中村彰二朗）著『SmartCity5.0　地方創生を加速する都市ＯＳ』インプレス、二〇一九）

行政と市民のコミュニケーションのそれこそイノベーションとして「会津プラス」なる地域ポータルサービスを稼働したということらしい。

しかしここで根本的な議論のすり替えがある。

まず私たちと行政のコミュニケーションが行政の側の市民への説明にすり替わっている。当り前だがその前提に私たちの「民意」があり、その表明のために議員と首長を選ぶ。行政が市民に説明する政策はまず民意の反映でなくてはならない。彼らが議会でなく、効率の悪い旧制度としてタウンミーティングを例に出しているのも民意をいかにスルーするかが彼らの基本的な考え方だからだ。

そして二つめのすり替えが、行政が説明責任を果たすポータルサイトの実態が「利用者属性にあった情報」を個々人に優先的に表示する、というサービスになっている点だ。それはアマゾンが購入履歴を元に商品を勧めてくるのと変わらない。それは行政と住民のコミュニケーションと全く一致しない。

アマゾン的利便性と行政の説明責任とは全く違うのだ。

しかもこのシステムは共通ＩＤによって管理される。このＩＤはつまりプラットフォームへのアクセスを含めた個人情報のストックのために用いられる。

この個人情報とは住所氏名と性別だけでなくウェアラブル端末で収録される身体や行動の情報も含まれる。

そうやって特化した情報を提供するための母子手帳のデジタル化、つまりＩＤとの紐付けもなされる。

このように彼らにとって「民意」とはユーザーのニーズでしかなく、それはアマゾンのように自動化された個人情報の取得で十分なのだろう。

そして彼らは「スマートシティの成功の鍵は市民参加にある」としながらそれは個人番号（ＩＤ）の発行数だと最後まですり替えをする。

ちなみにそれを市民の三〇％とする。この三割の市民がサービスを受容することをもって、アクセンチュアはこれを行政と市民の「コミュニケーション」だとする。

しかし、これは個人情報の詳細な提供、収集、ストックを条件に三〇％の利用者にカスタマイズされたサービスであり、繰り返すが、そこにいるのは地方自治における市民＝有権者でなくプラットフォームに対するユーザーである。

そしてこのアクセンチュアのスマートシティ構想は、驚くべきことにプラットフォームが集めていく情報に遺伝子という究極の個人情報を将来的には含んでいたのだ。

ウェアラブル端末や病院の受診歴、投薬歴、市民の学校・企業の健康診断結果などの広義の医療情報の収集が会津では目論まれ、それら個人情報が市民の健康管理や医療機関に提供され、それが住民にとっての利益であるとするが、彼らはそれだけでなくこのデータは「創薬発展や医療行為の発展に寄与する可能性がある」とする。

先に見た大阪万博の「医療」へのフォーカスの出自は会津からの流用であるわけだが、そこでアクセンチュアは「メディコンバレー」を例に出す。

メディコンバレーとはデンマークとスウェーデンの医療データを収集、集積した医療情報のデータベースで

ＤＮＡの検索も可能である。

アクセンチュアは会津でＤＮＡもＩＤで採取、紐付けするとは書いていない。しかし、会津の事例の報告書でもある海老原城一・中村彰二朗著『ＳＭＡＲＴ ＣＩＴＹ5.0 地方創生を加速する都市ＯＳ』（インプレス、二〇一九）では、ＤＮＡの皆データベース化と民間の商用利用をあたかもスマートシティのあり方の未来像として描いている。

いうまでもなく、このデータベースが益するのは製薬会社であり、そして遺伝子情報のデータベースは使い方によっては優生学的な利用もできる。軍事利用もできる。スウェーデンとデンマークは相応の規制の下に運用しているはずだが、アクセンチュアのようなグローバルコンサルティング会社の「主張」で住民のコンセンサスを軽視するような態度で進めればそれはかなり、危うい。

このように、スーパーシティでは、私たちの日々の行動や医療情報は企業のために集められ、一つの都市全体が企業の実験場となる。それはトヨタのスマートシティ構想がトヨタの自動車の開発実験場であり、同時にＮＴＴなどの企業に開かれた実験場であったことを考えれば納得がいく。

こうして見た時、会津のスマートシティ構想は、
①個人情報をＤＮＡに至るまで個人番号とともにデータベース化されそれを企業がビジネス利用し私たちの生活そのものが企業の実験となる社会。
②住民はユーザーにすり替わり参政権や住民の自治が不要とされる社会。
としてデザインされたといえる。

そしてそれが「人間らしさ」「市民参加」「再生可能エネルギー」そして「福島の復興」を名目に、グローバルな外資によって主張され、ビジネスモデルとして提示された。それが「日本への恩返し」と称してなされた

のである。火事場泥棒と誹られても仕方ないと思える。

しかしそう記したところで、人権などと騒ぐのはサヨクであって地方自治だってとうに機能していない、と「冷笑」が返ってくるだろう。しかし私たちのその「冷笑」によって人権や民主主義を後退させ唾棄することで誰を益するのか、それは考えておいていいだろう。

## c　スーパーシティと竹中平蔵なるもの

コンパクトシティからスマートシティと名を変えた、個人情報の民間利用を行なうデジタル都市構想の名は二〇一八年から国会で使われるようになる。日米の間で新たな通商協定（つまり日米貿易協定と日米デジタル貿易協定）の交渉が始まるのと同時である。

以下は、国会における片山さつきの発言である。片山は安倍政権時代のスーパーシティの推進者（内閣府特命担当大臣）である。

国家戦略特区は、岩盤規制改革をスピード感を持って進めていく強力な突破口です。継続審議中の国家戦略特区法の改正法案は、規制のサンドボックス制度を創設し、近未来技術の実証の加速を図るものであります。引き続き、規制改革事項の追加や深掘りを行うとともに、第四次産業革命を体現する最先端都市、スーパーシティ構想を迅速に取りまとめ、実現を図ってまいります。

（片山さつき・第197回国会　参議院　内閣委員会　第1号　平成30年11月13日）

京都議定書や福島復興という、民主党政権時代の「方便」は「方便」でしかなかった証しにあっさりと抜け落ち、替わって「国家戦略特区」「岩盤規制改革」という安倍用語でレトリックされているのがわかる。

スーパーシティ構想についてはＧｏｏｇｌｅ主導で後に頓挫するカナダ・トロント、スペイン・バルセロナ、アラブ首長国連邦・ドバイ、シンガポールなどがしばしば言及されるが、当時、国家規模で推進され、現在も先端をいくのが中国の中でも杭州である。

## スーパーシティのモデルは中国

そして安倍政権以降、スーパーシティ構想のモデルは一貫して中国なのである。

片山は第四次安倍内閣で地方創生担当大臣となり、二〇一九年の一月に中国の杭州などのスーパーシティを視察、同年八月三十日、中国で経済政策のトップである何立峰と「スーパーシティ」の推進について業務推進検討会議を両国間で定期的に開催する覚え書きを交わしたのである。

「スーパーシティ」構想が「岩盤規制改革」と結びつくのは、その実践ができないのは諸々の「規制」のせいだというロジックだからだ。トヨタが私有地で実験都市を構想したのも同じ理由だ。

そして、そのスーパーシティ実現のための規制なき社会とは、中国モデルであることは以下の片山の発言でわかるだろう。

中国でいえば北京の１００km西に「雄安」という都市を作って２０３５年には世界の未来都市の見本にしようということを、去年、習近平国家主席がぶち上げて、私が中国に出張に行ったのが1月でその前の週に、中国共産党として決定をしたそうです。

そのビデオを初めてわたくしどももらってきましたけれども、そこは１５０万人の都市を新たにつくるという壮大な計画で、そこに日本の最先端企業を呼ぼうとしているんですね。パナソニックさんもトヨタさんもみんな声がかかったと、中国は規制はあるけれども上から命令一下ですぐリリースされるんですよ。だから個人情報とかもまったく気にせずやっているんですね。アリババの本拠地である広州でなにをやっているかというと４０００台超のカメラを町中に配置してサーバーを２０００~３０００台つないで24時間全部路上で車を撮影してＡＩで分析して、交通違反というのも15分以内で全部解決しちゃうとか、救急車は到着時間が半減したとか自動車の走行速度は15％上げられたとか、通勤時間も15％退縮したというような管理をやっちゃっているんですよ。

（片山さつき「国家戦略特区と「スーパーシティ」構想について」HOLG https://www.holg.jp/holg/katayama3/）

習近平の鶴の一声で規制はふっとび全てが動く、その強大な権力によるガバナンスがスーパーシティには必要だというわけだ。スーパーシティの根底にある「強い首長」への欲求は習近平の如き強い国家元首への欲求に連なるのだとわかる。

中国への高圧的ポーズで「嫌中」の人々の支持を集めていた安倍政権の閣僚が習近平的な強権に憧れ、そしてスーパーシティ構想でも中国を範にしようとしていたのである。

彼らの共通点は民主主義の軽視と強い指導者による「強権」での政治の遂行だ。それは都市レベルではスーパーシティの必須条件となっていたことはすでに記した通りだ。

中国のスーパーシティの先には実現しつつある、デジタル国家、プラットフォーム国家があり、そこでも民主主義の消去と強権は必須条件だろう。

片山がスーパーシティ構想のモデルとして中国を置いていることは、先の発言のあった地方公務員（つまりスーパーシティの実験台となる人々）向けのオンラインメディアで、アリババが主導した中国杭州の事例が示されていることからもわかる。

アメリカやヨーロッパが神経質になる中国系アプリのＴｉｋＴｏｋや中国サーバーを暗号化キーが経由するといわれたＺＯＯＭに対して日本政府が妙に寛容な理由も何となく見えてくる。

そしてこの二〇一八年十月二十三日の国家戦略会議で片山は「安倍総理から、第四次産業革命を体現する世界最先端都市を先行実施する「スーパーシティ」構想について基本的なコンセプトを早急にとりまとめるよう指示」を受ける。ちなみに第四次産業革命とSociety5.0は先端情報技術によるイノベーションという点で同義である。片山は、安倍の命を受け、同二十九日に内閣府特命担当大臣、つまり片山自身の決定で「「スーパーシティ」構想の実現に向けた有識者懇談会」を設置する。

その座長は竹中平蔵である。

結局、この人が仕切るのである。

十一月二十六日には中間とりまとめが出されるが、そこにはＧｏｏｇｌｅ参画で計画（ただし後に失敗）したカナダ・トロントと杭州の二つのモデルのポンチ絵が添付されていて、スーパーシティがＧＡＦＡと中国の二つを向いていることがわかる。

懇談会の議事録でも竹中は中国についてこう述べている。

中国が今、今までとは違う国家資本主義というシステムのもとで、時には個人情報保護も無視してでも、とにかくものすごいビッグデータを集めて、杭州のアリババの例を御紹介しましたけれども、すごいシステムを作ってしまった。アメリカの対応は、ある意味ですごくわかりやすくて、中国けしからんということで、中国に対してものすごく色々な報復的な措置をとるということで、これはこれで、そういうことが必要な面もあるかもしれないのですが、しかし、中国でこういう現実がある限り、私たちは今まで自分たちが築いてきたリベラルワールドオーダーに基づいて、つまり個人情報を保護するとかそういうことに基づきながら、新しい第四次産業革命の最先端に行ける手段を考えなければいけないと思うのです。

（竹中平蔵・第1回「スーパーシティ」構想の実現に向けた有識者懇談会議事録）

立場上、「個人情報の保護」を一応はいっているが中国型の国家資本主義が賞賛されていることがわかる。スーパーシティはここに来て、あたかも日本の中国型の国家資本主義化を目論むような気運さえ感じられる事態となっている。安全保障における中国脅威論とはかなりニュアンスが違い、明らかに国家主導の資本主義への共感が見てとれる。

ちなみに議論や中間報告では住民の参加や合意の必要性を説くが、その一方で「強い首長」の必要をここでも強く説いているあたりは気にしておきたい。

## 改正国家戦略特区法の問題点

こうした竹中を中心とする議論が安倍政権下で進み二〇二〇年五月二十七日コロナ禍初の緊急事態宣言下で「改正国家戦略特区法」は衆参合わせて十一時間の審議のみであっさりと成立した。これがさほどニュースにならなかったのは、同日が青葉真司による京アニ放火事件の当日であったからだ。

無論、野党からは反論があった。

衆議院において亀井亜紀子が法案の問題を三点指摘する。少し長いが全てを引用する。

私は、ただいま議題となりました国家戦略特別区域法の一部を改正する等の法律案について、反対の立場から討論いたします。

第一の反対理由は、加計学園の事例に象徴されるように、国家戦略特区の選定過程が不透明であり、公募とは形だけではないか、一部の人々の利権に結びついているのではないかという疑念が晴れないからです。

本法律案の目的である『スーパーシティ』構想の実現に向けた有識者懇談会の座長は竹中平蔵氏ですが、同氏は、きょう現在も、株式会社パソナグループ取締役会長、オリックス株式会社社外取締役です。オリックスの子会社は国家戦略特区の事業認定を受けており、利害関係者が有識者懇談会の座長であること自体が大きな問題です。

第二の理由は、国、地方公共団体等が事業者からデータ提供の求めを受けた場合、プライバシーが侵害されないか、住民合意を得るプロセスが不透明だからです。

国家戦略特別区域会議のメンバーは、担当大臣、地方公共団体の長、特定事業を実施すると見込まれる者で組織され、計画段階に住民代表はいません。どの段階で住民本人の合意を得るのか、知らぬ間に個人情報が提供されるのではないかという疑念は拭えません。

第三の理由は、本法案が、国と地方との関係、地方自治の独立性を大きく変えるおそれがあるからです。

条例の制定を軸にスーパーシティをつくろうという昨年提出された法案は廃案となり、スーパーシティ、スマートシティの相互運用性の確保という形に変わりました。つまり、スーパーシティで認定された規制緩和が、全国のスマートシティ計画にトップダウンで適用される可能性があります。その際、住民の家族構成、収入、納税、健康保険等、幅広い個人情報を保有し、独自のサービスを提供する地方公共団体の独立性はどう担保されるのか、地方制度調査会で議論された形跡はありません。

（亀井亜紀子・第２０１回国会　衆議院　地方創生に関する特別委員会　第6号　令和2年4月15日）


まずスーパーシティ構想の実現に向けた有識者懇談会の座長である竹中平蔵がパソナやオリックスの重役で

もあり、これは利権化する危惧はないかという極めてまっとうな指摘である。小泉政権以降、あらゆる「悪政」の陰に竹中や竹中系の企業が登場するが、それは一つ一つの悪政が単独ではなくまとまって大きな利権を形成していると考えた方がいい。この人の存在はそのままこの国の社会や経済の歪みを意味する。

第二に民間に対して個人情報を提供する際の住民合意の形成に危惧があること。

第三はスマートシティが単体の自治体でなく自治体を越えて運用され規制緩和という国のトップダウンによって遂行されること、まさに中国モデルによる地方自治の弱体化への懸念である。

つまり、民主主義の危機を亀井は指摘する。

日本共産党の清水忠史もこう反対の理由を述べる。同じく長いが重要な内容なので全文を引用する。

第一は、先端技術による実験都市計画を進めるに当たり、住民の権利や個人情報の保護をないがしろにし、規制緩和が進む懸念があることです。本法案が進めるスーパーシティ構想は、先端的技術を活用し、さまざまなサービスを提供しようとするものですが、本人が同意しない情報の利活用も計画されています。先行するカナダのトロント市では、道路や信号機などありとあらゆる場所に人、物の動きを把握するセンサーを設置し、ビッグデータを利活用する計画を進めていたものの、データが匿名化されても、複数のデータを組み合わせることで、行動が予測できたり、人が分類され、不公平な取扱いや差別を生んだりする可能性は十分にあると住民の不安や批判が高まり、混乱しました。個人情報の扱いは不十分です。本法案でも同様の問題が発生する懸念が残ります。事業計画案の前提としては住民合意を求めていますが、その方法は定められておらず、一部の住民の合意で強引に進められる懸念が払拭されていません。

第二は、国家戦略特区で問題視されている、総理大臣によるトップダウンの仕組みが強化されることです。

事業計画の立案の段階で内閣府の職員が区域会議に参加し、そこでまとめた基本構想を総理が承認、その後に各省が同時一体に規制緩和の許可を検討する仕組みを導入することになります。これでは、各省検討を事実上形骸化することになりかねません。加計学園の獣医学部創設のように、政権に近い特定の人物や事業者を優遇する総理案件が、より意のままに規制緩和を推し進める仕組みが強化されることになります。

第三は、地域限定型サンドボックス制度において、住民の合意形成が軽視され、安全性を監督する所管省庁の規制の仕組みを形骸化させるからです。

自治体、事業者に内閣府が参加する区域会議で技術実証区域計画を策定し、総理認定を受ければ、関連法ごとの許可は不要となり、一括して許可等があったとみなされてしまいます。実装実験をする際には、住民合意を丁寧に積み上げ、安全、安心を担保していくことが必要です。（清水忠史・同）

清水は①住民の権利や個人情報を越えた規制緩和がなされること、②トップダウンよって総理の意のままに政策遂行が可能であること、③住民合意の形成が軽視されること、とやはり表現こそ違え、利権化、人権への危惧と民主主義の軽視を問題視する。

③の住民の合意形成の軽視という点で、具体的に問題なのは個人情報を利用し住民サービスを行政に変わって代行する民間事業者の選定に住民が参加するプロセスが排除されている点だ。しかも自治体が住民の利益でなく企業の利用にも従うので、個人情報を利用する時の範囲やプラットフォームの法的責任などで住民に不利益が生じる可能性がある。

こうやって個人情報の商業化と地方自治の後退を「規制緩和」の元にスーパーシティの名で進める安倍政権の政策は、今度はコロナのどさくさで中国モデルと竹中利権を新たな属性として法案として成立したのである。

そして、このスーパーシティは菅政権を経て岸田政権下では「デジタル田園都市構想」にお色直しされる。今度は「新しい資本主義」のツールとして表明される。表紙は政権の数だけ変わるのである。

それが「現在」である。

## マイナンバーがつくる未来像

そして改めて岸田政権下でマイナンバーとこの「デジタル田園都市」の関係は自民党議員によってこう確認される。

デジタル田園都市構想において、もう一つ私が重要だと思うのは、まさに通行手形ともなり得るマイナンバーカードの取得を更に加速をさせるべきだというふうに思っております。対面でもオンラインでも安全確実に本人確認ができるデジタル社会の基盤、このことをしっかりと国民の皆様にも改めて理解をしていただいて、特に、地方の方々にも利活用の機会が拡大できるような取組が今後とも必要だと思いますが、今後のマイナンバーカードの利便性の向上に関する取組についてお伺いをさせていただきます。

（五十嵐清・第２０８回国会　衆議院　予算委員会第一分科会　第1号　令和4年2月16日）

つまり「デジタル田園都市」という岸田政権の掲げる未来像（それは国民総背番号時代から続き一方ではスマートシティ、スーパーシティと成り行きでも呼ばれた未来像の継続である）にとって、マイナンバーは「通行手形」、そのような社会に私たちが参入するための必須条件だとされている。マイナンバーなしには私たちはいくら税金や社会保険料を払っても公共サービスを受けられないのか、と思えてくるが、実際、マイナ保険証なしでは医療保険が使えない事態になりかけたことは記憶に新しい。

　そんな「社会」を望んでいないといっても私たちは五十年かけてそのような社会に向けた議論や法案づくりが国会で進むことを選挙で彼らに許してきたし、野党によるリベラルな政権も彼ら向けの政策の表紙をつけかえたものを渡されてそこに荷担した。そしてこの政権交代だけでなく、東日本大震災、コロナといった厄災下さえどさくさに利用された。

　この間、民主主義への「冷笑」が拡大したことも含め、私たちはそれらにやはり主権者として責任がある。

　岸田政権下、マイナンバーカードが強固に推進されるのは国家のプラットフォーム化と国民のユーザー化、そして、外資への開放とそのおこぼれをもらう周囲の利権の準備も整ったからである。そのデジタルの利権を「官」がおさえるデジタル庁もできた。

　この先、マイナンバーはますます「便利」になっていくだろう。

　先の与党議員の質問に対するデジタル庁の回答を引用しよう。

　その近い将来像は、何も抵抗がなければ以下のシナリオで進行するだろう。


　対面だけでなくオンライン上でも、あなたは本人ですか、これを確認する手段としては今日本で一番優れている、これがマイナンバーカードであると思っております。

　やはり、持っていただくためには、持って便利というところが重要ではないかということで、去年の十月には、健康保険証との連動、薬剤情報、特定健診情報、医療費、そういったものが引き出せるようになってございますし、年末には、ワクチン接種証明を、マイナンバーカードを持っていれば、あなたは本人ですということでお渡しをできる。やはりこういった仕組みを広げていくことが大きく重要かなと。

今後につきましては、スマートフォンにその機能を乗せるでありますとか、令和六年の運転免許証、それから国外利用の実現、さらには在留カードとの一体化といったようなことにつきましても、各省と連携をいたしまして、どんどん便利に、持っていいカードにしていきたい。また、これを御存じない方も正直多いものですから、これについての広報活動ということについても、各種媒体や様々な立場の方々に向けて広くやっていきたい、このような形でますます努力をしてまいりたいと思ってございます

（村上敬亮・第２０８回国会　衆議院　予算委員会第一分科会　第1号　令和4年2月16日）

マイナンバーは唯一の本人確認の手段として保険証と統合、医療情報も実装、運転免許、そして在留カード（マイナンバーは外国人居住者にも交付される）とさえ統合され「どんどん便利」になると将来像が既定事実として描かれる。

政策として足りないのは「広報」だけである、ということのようだ。

なるほど、河野太郎の恫喝もまた「広報」の一環とわかる。

しかし実は一九七二年の時点で国民総背番号制が議論された時代に横路孝弘がこう政府に憤っているのは思い出しておきたい。

「情報社会におけるプライバシー保護に関する調査研究報告書」、これにいろいろ書いてありますけれども、皆さんのほうでほんとうにプライバシーの問題を考えているかどうかという点になると、一番最後のところの結論は「目下、問題になっている国民個人コード制度の適用上の問題点は、それを担当する政府機関の、国民に対する正しい適切なＰＲの不足であると言うことが出来る。」といって、新聞や何かが批判している

ものに一々反論して、結論はＰＲ不足だということになっているわけです。

（横路孝弘・第68回国会　衆議院　予算委員会第四分科会　第6号　昭和47年3月25日）

横路の危惧は重要である。国民総背番号制は政策としては正しく、問題は国民への宣伝不足であり政府としてなすべきはその撤回でなく「ＰＲ」だという路線がとうにしかれているのである。

だからこそ、私たちはマイナンバーカードの使い勝手をユーザーとして文句を言うのではなく、この制度が民主主義や地方自治を破壊し、個人情報を企業に商用化させる「人権」問題なのだという立ち位置を回復しなくてはいけない。

# さいごに～改憲案とマイナンバー

ぼくがこの駆け足でまとめたブックレットの中で、マイナンバー問題を通じて問いかけてみたかったのは、二〇二三年のあまりに長かった夏として実感された地球温暖化や、もはや引き返しようのない少子高齢化、そしてかつてコンピュータ世代といわれたぼくら「おたく」「新人類」が情弱と嘲笑されるほどのデジタル技術の進化はとうとう「生成ＡＩ」が私たちの思考や表現の一部を代替しようとしている時代の到来さえ現実となったことが背景にある。

「Sosietey5.0」の議論に乗るつもりはないが私たちの社会が地球規模で過渡期にあることは誰も否定できないだろう。

その時、私たちはこの社会をどう選択するか、それ以前にどう次の社会をデザインするかが迫られている。

なるほどＳＤＧｓや多様性といった惹句はいくらでもある。

しかし、示される方策はそのほとんどがＡＩやデジタル技術での解決であることにぼくは困惑する。

そもそも、私たちの社会はどういう社会に向かっているのか。

それを語る言葉はデジタル産業論だけなのか。

マイナンバーとは本書で見てきたように五十年かけてじわりと進行してきた社会像のためのインフラである。

そこでは人権は否応なく制限され個人情報は企業にとっての資産となるから社会や法はそれを規制するのか許

すのかの選択を迫られる。国家はプラットフォーム化し私たちはユーザーとして個人情報を委ねることが求められる。そこでは「アイデンティティ」は自らが何かの努力によって内に確立するものではなくＩＤ番号によって国家から承認されるものに変わる。ユーザーとプラットフォームの双方向の関係者は下手をすれば議会制民主主義を無力化して強い指導者が導く社会の方が向いているのかもしれない。

そしてスマートシティのサービスが担保する快適さが私たちの「幸福」にすり替わることさえ考えられる。社会的信用の人間関係は中国がそうであるようにスコア化されるかもしれない。顔認証で私たちがどこにいるかももはや筒抜けとなるだろう。

無論、過渡期といった時、それは旧体制の耐用年数が尽きているという意味ではない。私たちはこれらを改めて選択し直すのか、このまま放擲するのかが迫られている、ということだ。

例えば人権も民主主義も唾棄し冷笑する態度の方が支持されもする。

しかし、それは本当にいらないものなのか。

かつて河村たかしでさえ情報化のリスクは人間の「尊厳」の問題だといった。今の彼が同じ考えかはわかりかねるが、情報化、つまり私たちの尊厳を構成するものの一つ一つが「情報」としてマイナンバーで紐付けされ管理されることを不快だと思うのは情弱だろうか。

自民党のデジタル社会推進本部に参加する合田瞳（株式会社 Quwak 代表取締役）は、自身の親指と人さし指の間にＩＣチップを埋め込んでいる。合田はこのＩＣチップとマイナンバーを連動させて公的な個人認識を用いるように技術開発するベンチャーのＣＥＯだ。

つまり私たちの身体そのものをデバイス化していくというシナリオさえ政策に近い場所で描かれている。

私の身体がマイナンバーやクレジットカードや電子マネーの端末になることで、それが「私であること」と不可分になってしまうかもしれない。その時、人間のあり方や人をめぐって積み重ねられてきたことばや思考はどう変わるのか。

このようにマイナンバーは、一つは社会や社会と人との関係、つまり人権や社会参加の手段としての民主主義をこの先、どう考えるか、という問題としてある。

もう一つは人とは何か私とは何か、という問いかけとしてもある。

その二つの問いの復興こそが必要なのだ。

前者はいうまでもなく政治のあり方をめぐる問題である。マイナ保険証や監視国家を許すか否かという問題は私たちが国家と個人をどう設計するか、つまり「憲法」問題なのである。

飛躍しすぎだ、と思われるかもしれないが、すでに見たように自民党の憲法改正案、つまり人権を制限して国家の力を強くしていく方向は基本線でマイナンバーカードやスーパーシティ構想と一致する。マイナンバー政策の歯止めをかけるには「憲法」が重要になってくる。

私たちが次の社会をデザインする手段はデジタル技術でなく「憲法」である。

そこに立ち返ろう。

ぼくは、その意味で「護憲」の立場を崩さない。

そしてもう一つ、人間や私をめぐる問いかけを行なうオールドスクールなツールがある。それはそこに社会や国家の問題も当然包摂する。

これは「文学」や「人文知」が担う領域だ。「文学」とは「私」が私以外の他者や社会や国家や世界といかに関わるか、いかに参与し、いかに距離をとるかを描いてきた。「文学」は飢えた子供の前では何の役にも立たないが、人間や社会について問いかけ検証することはできる。人文知とは歴史学や国文学や民俗学や哲学や言語学や芸術学といった人間と人間が生み出した文化、つまり「人間性」についての学問である。いわゆる「文系」であり今や公然と「役に立たない」と喧伝される領域である。しかしもしマイナンバー以降の社会が本当に文明の新しいステージなら私たちは近代を含む歴史や人類の遺産から「次」に一体、何を持ち越すべきなのか。

そしてマイナンバーやスーパーシティが描き出す「人間」や「社会」が本当に正しいのか。それを考えるのは「文学」と「人文知」の仕事だ。

いや仕事というと何か人まかせだ。ぼくの仕事でもある。

私たちは「日本国憲法」に示された人権に対する思考と「文学」「人文知」の言葉を、改めて取り戻し、今度こそ正しく「実装」するべきだ。

つまり、人間が人間であることを担保するこれらの言葉をもって初めて「次」が描ける。

だからマイナンバーについて考えることは憲法について考えることであり、文学や人文知を復興することと同義である。

本書はあえてそう結論する。

そのことを通じて改めて、監視社会やマイナ保険証の問題、そして次の社会に移行する時に私たちがどう変わり、どう変わってはいけないのか、を考えることができる。

それは私たちが政治に対して再び主権者たり得るか、そして人間であることを放擲しないで生きられるかという問いを正面から考えることでもある。

それが本書の言いたいことであり、「どうすればいいいか」の答えである。

# あとがき

そもそもマイナンバー制度とは何なのか。

いつどのようにして立案され、その制度は私たちにいかなる社会をもたらすのか。本書（というよりは小冊子といった方がふさわしいが）はその始まりから現在までを国会での審議を追うことで再確認していくものだ。

何故、国会かといえば立法府としての国会は法をつくるために議論する現場であるからだ。本書は国民総背番号制と呼ばれた一九七〇年から現在に至るまでの五十年を駆け足で追うが、まず、マイナンバー制度が半世紀前に、外圧と財界の要請で始まりしかもそのグランドデザインはほぼその時点で出来上がっていたことがまずわかるはずだ。

あとは時々の政権の政策に合わせて呼び名と表向きの目的を書き換えて、人々の人権意識が後退するのをひたすら待った、という流れだ。

国民を統一番号で管理するのは、あらゆる個人情報を行動歴から購買歴、健康状態までも紐付け、それを民間が活用できる「資産」とするためだ。当然それは「人権」を大きく損なうし「監視国家」も可能にする。だから制度の遂行のためには人々が自らの「人権」を積極的に軽んじることが重要で、番号制度が憲法の定める「人権」に抵触するなら憲法の方を変えてしまえ、という主張もなされる。本書が「マイナンバーから改憲へ」と題されるのは国会の議論の中で「改憲論」と結びついた事実があるからだ。

その上で考えてほしいのはマイナンバー制度がもたらすプラットフォーム化された社会をどこまで私たちは

理解した上で「望む」のか、ということだ。確かにデジタル化された社会の利便性は大きい。本書で引用した国会の審議はオンラインでは公開されているし、公文書や会議資料のPDFも簡単に手に入る。白書や報告書は国会図書館のデジタルコレクションにある。アナログの「隠された資料」がないとはいえないが、マイナンバーとはつまりは「改憲」問題なのだという結論に至る材料は誰にでも平等に入手可能だ。半ば嫌味で生成AIも使ったがオンライン上の言説の中央値のようなものを批判的に確認するためには使える。

いつもいうことだがオンライン上のこのようなインフラは民主主義を可能にするツールだ。にも関わらず私たちはSNS上の一四〇字の刹那的な言論に流され、気がつけば民主主義をそれが担保する人権を唾棄する所作が身についてしまっている。

つまり一方でオンラインは人々の思考や行動を自動化するのだ。

マイナンバー制度とはオンラインのこの後者のあり方と整合性が高い。

私たちはこのオンラインというインフラの中で広く深く考えることも判断停止することも双方が可能なのだ。

オンライン以前／以降を生きた旧世代はそう考える。

本書はぼくとしては久しぶりに「憲法」についてのものだが、社員二人だけの出版社、白澤社の坂本信弘さんの問題意識によって始まったものだ。編集者が世の中の問題について本を書かないかといってくれるのは本当に久しぶりの体験だった。たった今、オンラインで資料は誰にでも手に入ると記したが、その面倒でもある作業の多くを担ってくれもした。そういうオールドスクールな編集者と仕事ができたことが何よりうれしかった。ありがとう。

大塚英志

## 資料　国民総背番号制からマイナンバーに至る推移（作成＝白澤社編集部）

| 年月日 | 内閣 | 共通番号制の推移 | 内容 |
|---|---|---|---|
| 1967（S42）10月 | | MIS使節団訪米 | 政府、民間への情報化社会に向けた提言（1968） |
| | | **国民総背番号制** | |
| 1970（S45） | 佐藤栄作内閣 | 「各省庁統一個人コード研究連絡会議」設置 | 各省庁が統一の個人番号を利用する番号制度導入を検討 |
| 1973（S48）4月 | 田中角栄内閣 | （国民総背番号制の導入の不安） | 福田赳夫行政管理庁長官が統一個人コードについて「世界の大勢、国民のコンセンサスの流れを見た上で結論を得べきもの」と国会答弁し、それ以後の政府での検討は中止に→頓挫 |
| | | **納税者番号制** | |
| 1978（S53） | 大平正芳内閣 | 政府税調「昭和54年度の税制改正に関する答申」（S53.12） | 利子・配当所得の適正な把握のため納税者番号制度の導入を検討すべきとの意見が記載される |
| | | **グリーン・カード制度** | |
| 1980（S55） | | 所得税法の改正（グリーン・カード制度） | グリーン・カード制度（少額貯蓄等利用者カード）を導入する制度 |
| 1985（S60） | 中曽根康弘内閣 | 所得税改正法を廃止 | →少額貯蓄非課税制度を不正利用していた資金が郵便局・金融機関から外国債権などに流出したことが発覚、グリーン・カード制度への反対運動が高まり、実施延期（1983）→その後廃止（1985） |
| | | **納税者番号制** | |
| 1988（S63） | 竹下登内閣 | 政府税調「政府税制調査会納税者番号等検討小委員会」第一次報告 | 納税者番号の導入を提言 |
| 1989（H1） | | 14省庁実務レベル担当者「税務等行政分野における共通番号制度に関する各省庁連絡会議」発足 | 共通番号制の二つの方式（年金番号と住民基本台帳方式）に関する検討 |
| 1992（H4）11月 | 宮澤喜一内閣 | 政府税調「納税者番号等検討小委員会報告」第二次報告 | 納税者番号制度に年金番号方式と住民基本台帳方式を候補として運営コストを検討。国民の理解が不十分として引き続き検討。 |
| 1993（H5） | 細川護熙内閣8/9-1994（H6）4/28／羽田孜内閣1994（H6）4/28-6/30／村山富市内閣6/30-1996（H8）1/11 | | |

| | | | |
|---|---|---|---|
| | | **住民基本台帳ネットワーク** | |
| 1994（H6) | | 自治省（現・総務省）住民基本台帳ネットワーク（住基ネット）の検討 | 市町村が保有する住民基本台帳をネットワーク化し、全国共通の本人確認ができるようにするシステム |
| 1996（H8)12月 | 橋本龍太郎内閣 | 政府税調「平成9年度の税制改正に関する答申」(H8年12月) | 納税者番号制度については「四　その他」の「3　納税者番号制度」に記載 |
| 1998(H10) | | 住民基本台帳法改正案が国会提出される | |
| 1999(H11) | 小渕恵三内閣 | 住民基本台帳法改正法成立 | 地方公共団体共同システムとしての住基ネットの構築 |
| 2002(H14) | 小泉純一郎内閣 | 住基ネット稼働、住民へのコード通知始まる | |
| 2003(H15)8月 | | 住民基本台帳カード（住基カード）希望者へ公布が始まる | 住基カード4情報（氏名・住所・生年月日・性別）を記載ICチップ→2015（H27）12月で更新手続終了。有効発行枚数は約717万枚（普及率5.6%） |
| 2003(H15) | | 個人情報の保護に関する法律（個人情報保護法）成立 | 住基ネット導入を契機に、民間部門をも対象とした個人情報保護の法整備。 |
| 2003(H15) | | 行政機関個人情報保護法（1988年成立）を全面改訂 | |
| | | 独立行政法人等個人情報保護法が成立 | 独立行政法人等の個人情報取扱を規定→2022（R4）4/1改正個人情報保護法施行により廃止 |
| | | **マイナンバー制度** | |
| 2005(H17) | | 与党税制改正大綱 | 金融番号導入見送り、納税者番号利用コスト、経済取引への影響、プライバシー保護等について導入に向けた検討を行なうことを明記 |
| 2009(H21)3月 | 麻生太郎内閣 | 「所得税法等の一部を改正する法律」成立 | 付則104条3項6号「納税者番号制度の導入の準備を含め、納税者の利便の向上及び課税の適正化をはかること」 |
| 2009(H21)9月 | 鳩山由紀夫内閣 | 民主党「マニフェスト2009」に税と社会保障の共通番号制度導入を謳う | |

| | | | |
|---|---|---|---|
| 2009(H21)<br>12月 | | 平成22年度税制改正大綱 | 「社会保障制度と税制を一体化し、真に手を差し伸べるべき人に対する社会保障を充実させるとともに、社会保障制度の効率化を進めるため、また所得税の公平性を担保するために、正しい所得把握体制の環境整備が必要不可欠」として社会保障・税共通番号制度の導入を進めると宣言＝マイナンバー制度の原型 |
| 2010(H22)<br>10月 - | 菅直人内閣 | 「社会保障・税に関わる番号制度に関する検討会」 | |
| | | 「社会保障・税に関わる番号制度に関する実務検討会」 | |
| | | 番号制度導入に向けた基本方針をとりまとめ「社会保障改革の推進について」を決定（2010/1） | |
| 2011(H23) | | 「社会保障・税に関わる番号制度に関する実務検討会」及び菅直人首相を議長とする「社会保障改革に関する集中検討会議」の発足が決定 | |
| 2011(H23)<br>1/21 | | 「社会保障・税に関わる番号制度についての基本方針」を決定（2011/1/31） | 年金・医療・福祉・介護・労働保険の各社会保障分野、国税・地方税の各税務分野で利用する国民番号（住基ネットを活用した新しい番号）を2014年6月に付番し、2015年から利用を始めることとした。 |
| 2011(H23)<br>6/30 | | 「社会保障・税番号大綱」決定 | →法案作成作業へ |
| 2012(H24)<br>2/14 | 野田佳彦内閣 | 「行政手続における特定の個人を識別するための番号の利用等に関する法律案」、「同法律の施行に伴う関係法律の整備等」、「地方公共団体情報システム機構法案」のいわゆるマイナンバー関係3法案が閣議決定され、180回国会に提出 | →翌年181回国会に継続審議となるも2012/11/6解散で廃案 |

| | | | |
|---|---|---|---|
| 2013(H25)<br>3月 | 安倍晋三内閣 | 「行政手続における特定の個人を識別するための番号の利用等に関する法律案」、「同法律の施行に伴う関係法律の整備に関する法律案」、「地方公共団体情報システム機構法案」および「内閣法等の一部を改正する法律案」とともにマイナンバー関係4法案として第183回国会に提出 | 2013/5/9 衆議院本会議で一部修正の上可決→5/24 参議院本会議で可決 |
| 2013(H25)<br>5/31 | | マイナンバー4法公布 | |
| 2015(H27)<br>5/25 | | 平成27年法律第65号による改正 | 1）個人情報保護委員会設置に伴い、特定個人情報保護委員会にかかる規定を整備すること／2）個人情報取扱事業者の範囲が拡大することに伴い、個人情報取扱事業者でない個人番号取扱事業者にかかる規定を整理すること／3）地方公共団体が行う独自利用事務において情報提供ネットワークシステムを利用した情報連携を可能とすること／4）医療等分野その他の分野における個人番号の利用範囲・情報連携の範囲を拡充すること／5）預金保険機構が行う金融機関破綻時の預金保険制度等における債権額の把握に関する事務において個人番号を利用できるものとすること／6）研修の実施、個人情報保護委員会による検査等、特定個人情報の漏洩等に関する報告／7）特定個人情報の保護を図るため連携協力について定めること／8）国民年金機構による個人番号の利用および情報提供ネットワークシステム |
| 2017(H29) | | 平成29年法律第36号による改正 | 地方公共団体情報システム機構のガバナンス強化、総務大臣の監督権限の強化 |
| 2019(R元) | | 令和元年法律第16号による改正 | 個人番号の利用範囲及び情報連携の範囲を拡大：個人番号カードの海外利用を可能にし、通知カードを廃止 |

| | | | |
|---|---|---|---|
| 2019(R元) | | 令和元年法律第17号による改正 | 戸籍法改正により、戸籍情報（親子関係その他の身分関係の存否を識別する情報を戸籍関係情報として作成し、新システムに蓄積、情報提供ネットワークシステムを通じて戸籍関係情報を確認する手段も提供できるよう改正（行政機関と法務省の間では、個人番号自体の授受は行わず、情報提供用個人識別符号を使用。）。 |
| 2021（R3） | 管義偉内閣 | 令和3年法律第37号による改正 | 行政機関個人情報保護法および独立行政法人等個人情報保護法が廃止され「個人情報保護法」に一元化。／国家資格に関する事務等におけるマイナンバーの利用および情報連携を可能とし、従業員本人の同意を前提に転職時等の使用者間での特定個人情報の提供を認める改正／個人番号カードの発行・運営体制を強化するため、地方公共団体情報システム機構による個人番号カード関係事務について、主務大臣による目標設定、計画認可、国による財源措置等の規定を整備する改正 |
| 2021（R3）9/1 | | デジタル庁発足（平井卓也デジタル大臣） | 「誰一人取り残されない、人に優しいデジタル化を2021年9月1日、日本のデジタル社会実現の司令塔としてデジタル庁が発足しました。デジタル庁は、この国の人々の幸福を何よりも優先し、国や地方公共団体、民間事業者などの関係者と連携して社会全体のデジタル化を推進する取組を牽引していきます。」（デジタル庁HPより） |
| 2022（R4）8/10 | 岸田文雄内閣 | 河野太郎第4代デジタル大臣就任 | |
| 2023（R5） | | 令和5年法律第48号による改正（6/9公布） | 健康保険証を廃止しマイナンバーカードと健康保険証を一体化。健康保険証の廃止は2024/12/2とする閣議決定（2023/12/22） |

〈参照〉＊宇賀克也『マイナンバー法の逐条解説』有斐閣、2022。
＊内閣府HP（https://www.cao.go.jp/）、デジタル庁ＨＰ（https://www.digital.go.jp/）
＊ Avocat-弁護士坂東利国Blog2025/10/16「マイナンバー制度成立までの歴史」
＊自治体情報政策研究所電子自治体情報Webサイト「社会保障と税の共通番号制度Watch」他

《著者略歴》

**大塚英志（おおつか えいじ）**

１９５８年生まれ。まんが原作者・批評家。

まんが原作者としての著書は永山則夫をモデルとした『アンラッキー・ヤングメン』（藤原カムイ作画）など自作ノベライズを含め１００冊近い。批評家としての著書には、戦時下のメディア表現を論じた『大政翼賛会のメディアミックス』『「暮し」のファシズム』『大東亜共栄圏のクールジャパン』、柳田國男と黎明期の民俗学を論じた『捨て子たちの民俗学』『怪談前後』『殺生と戦争の民俗学』などがある。

本書はかつて著者が提唱した「自分達の言葉で憲法前文を書き直す」護憲運動（『私たちの書く憲法前文』など）、憲法を根拠にしたイラクへの自衛隊派兵の差し止め訴訟（『今、改めて「自衛隊のイラク派兵差止訴訟」判決文を読む』に詳しい）など「憲法」についての思索のささやかな延長にある。


白澤社ブックレット１

# マイナンバーから改憲《かいけん》へ——国会《こっかい》で50年間《ねんかん》どう議論《ぎろん》されたか

２０２４年３月19日発行　第一版第一刷発行

著　者　大塚英志

発　行　有限会社 白澤社《はくたくしゃ》

〒 112-0014　東京都文京区関口1-29-6　松崎ビル2F

電話 03-5155-2615 ／ FAX 03-5155-2616 ／ E-mail: hakutaku@nifty.com

https://hakutakusha.co.jp/

発　売　株式会社 現代書館

〒 102-0072　東京都千代田区飯田橋3-2-5

電話　03-3221-1321 ㈹ ／ FAX　03-3262-5906

装　幀　本多マークアントニー

印　刷　モリモト印刷株式会社

製　本　鶴亀製本株式会社

用　紙　株式会社市瀬


 ISBN978-4-7684-8000-7